Das chinesische Schriftzeichen als poetisches Medium

Fröhliche Wissenschaft 146

Ernest Fenollosa

Das chinesische Schriftzeichen als poetisches Medium

Übersetzt von Eugen Gomringer

Mit einem Beitrag von Ezra Pound
und einem Nachwort von Monika Motsch

Matthes & Seitz Berlin

Inhalt

Vorwort von Ezra Pound

Dieser Essay des verstorbenen Ernest Fenollosa war so gut wie vollendet; ich habe daran nicht viel mehr geändert, als einige Wiederholungen beseitigt und einige Sätze umgeformt.

Wir haben es hier nicht mit einer bloßen philologischen Untersuchung zu tun, sondern mit einer Studie über die Grundlagen jeglicher Ästhetik. Bei seiner Erforschung unbekannter Kunst, in der er auf im Westen noch nicht erkannte Motive und Ursprünge stieß, war Fenollosa schon zu vielen Denkweisen geführt worden, die sich seither in der »neuen« westlichen Malerei und Poesie als fruchtbar erwiesen haben. Er war ein Vorläufer, ohne es zu wissen und ohne als ein solcher bekannt zu sein.

Er erkannte Prinzipien des Schreibens, die in der Praxis anzuwenden er kaum Zeit hatte. In Japan sorgte er dafür, oder half beträchtlich dazu bei, dass die heimische Kunst neu geachtet wurde. In Amerika und Europa darf er nicht bloß als ein Sucher von Exotika gesehen werden. Sein Geist arbeitete dauernd mit Vergleichen und Parallelen zwischen östlicher und westlicher Kunst. Für ihn bedeutete das Fremde immer eine Befruchtung. Er war auf eine amerikanische Renaissance ausgerichtet. Die Lebensfähigkeit seiner Auffassung kann an der Tatsache beurteilt werden, dass ich, obschon dieser Essay kurze Zeit vor seinem Tod im Jahr 1908 geschrieben worden war, an den Anspielungen auf die westlichen Zustände nichts zu ändern hatte. Die späteren Entwicklungen der Kunst haben seine Theorien bestätigt.

1918

Das chinesische Schriftzeichen als poetisches Medium

Dieses zwanzigste Jahrhundert wendet nicht nur ein neues Blatt im Buch der Welt, sondern es beginnt ein anderes, überraschendes Kapitel. Es eröffnet Ausblicke auf eine seltsame, fremde Zukunft, auf weltumfassende, von Europa halb entwöhnte Kulturen, auf eine bisher nie geträumte Verantwortlichkeit für Nationen und Rassen.

Allein das China-Problem ist so gewaltig, dass keine Nation es sich leisten kann, es zu ignorieren. Vor allem wir in Amerika müssen ihm über den Pazifik ins Gesicht sehen und es meistern, wenn wir nicht von ihm gemeistert werden wollen, und der einzige Weg, es zu bewältigen, ist das Bemühen, mit geduldiger Sympathie seine besten, hoffnungsvollsten und humansten Elemente verstehen zu lernen.

Unglücklicherweise haben England und Amerika die tieferen Probleme der östlichen Kulturen sehr lange weder beachtet noch erkannt. Wir haben die Chinesen fälschlicherweise für ein materialistisches Volk gehalten, für eine erniedrigte, minderwertige Rasse. Wir verkleinerten die Japaner zu einer Nation von Kopisten. Einfältig haben wir angenommen, dass die chinesische Geschichte keinen Schimmer einer sozialen Evolution biete, keine hervorragende Epoche mit moralischen und geistigen Höhepunkten. Wir leugneten die wesensmäßige Humanität dieser Völker, und wir spielten mit ihren Idealen, wie wenn sie nichts Besseres wären, als komische Songs in einer komischen Oper.

Die Aufgabe, die sich uns stellt, ist nicht, ihre Festungen zu zertrümmern oder ihre Märkte auszubeuten, sondern ihre Humanität und deren großmütige Bestrebungen zu studieren und sich ihnen zu nähern. Der Stand ihrer Kultur war hoch. Der Ertrag ihrer festgehaltenen Erfahrung ist doppelt so groß wie bei uns. Die Chinesen waren Idealisten und Experimentatoren im Schaffen großer Prinzipien: Ihre Geschichte öffnet eine Welt von erhabenen Zielen und Errungenschaften, parallel denjenigen der alten Mittelmeervölker. Wir benötigen ihre besten Ideale, um unsere eigenen zu ergänzen – Ideale, verwahrt in ihrer Kunst, in ihrer Literatur und in den Tragödien ihrer Leben.

Beweise der Vitalität und des praktischen Wertes östlicher Malerei für uns selbst und als Schlüssel zur Seele des Ostens haben wir erfahren. Es wird lohnen, sich der chinesischen Literatur und deren intensivsten Teils, der Poesie, anzunehmen, wenn auch in unvollkommener Weise.

Ich spüre, dass ich mich vielleicht entschuldigen sollte,[1] wenn ich mir anmaße, mich in die Reihe brillanter Wissenschaftler wie Davis, Legge, St. Denys und Giles zu stellen, welche den Gegenstand der chinesischen Poesie schon mit einer Fülle von Gelehrsamkeit behandelt haben, wie ich sie nicht in Anspruch nehmen kann. Die Meinung, die ich vorbringe, äußere ich weder als professioneller Linguist noch als Sinologe. Als enthusiastischer Studierender der Schönheit östlicher Kultur, der einen großen Teil seiner Jahre in enger Verbindung mit Orientalen verbracht hat, konnte ich nicht mehr tun, als etwas von der Poesie einatmen, die sich in ihrem Leben verkörperte.

Zu meiner Verwegenheit haben mich größtenteils persönliche Überlegungen bewegt. In England und Amerika hat sich der unglückliche Glaube ausgebreitet, dass chinesische und japanische Poesie schwerlich mehr seien als ein trivialer, kindischer Zeitvertreib und nicht zu den seriösen Leistungen der Weltliteratur zählten. Ich habe von sehr bekannten Sinologen die Äußerung vernommen, dass, abgesehen von Zwecken professioneller linguistischer Interessen, diese Zweige der Poesie zu unfruchtbar seien und ein Abmühen um sie nicht entschädigt würde.

Nun, mein eigener Eindruck ist so radikal und diametral solchen Folgerungen entgegengesetzt, dass ein reiner, kräftiger Enthusiasmus mich dazu trieb, meine neu entdeckte Freude mit anderen Abendländern zu teilen. Entweder habe ich mich gefälligerweise selbst betrogen in meinem positiven Vergnügen, oder es müssen den akzeptierten Methoden der Darstellung chinesischer Poesie ästhetisches Mitgefühl und poetisches Einfühlungsvermögen abgehen. Ich lege hiermit die Ursachen meiner Freude vor.

Erfolg oder Misserfolg in der Darstellung einer fremden Poesie im Englischen hängen weitgehend von der poetischen Geschicklichkeit im gewählten Medium ab. Es war vielleicht zu viel verlangt, von betagten Gelehrten, welche ihre Jugend mit Gladiatorenkämpfen gegen die widerspenstigen chinesischen Schriftzeichen verbrachten, zu erwarten, dass sie auch als Dichter Erfolg haben sollten. Selbst griechischen Versen wäre es ähnlich übel ergangen, wenn ihre Vermittler notgedrungen zufrieden gewesen wären mit dem provinziellen Niveau englischer Reimkunst. Die Sinologen sollten sich daran erinnern, dass der Zweck dichterischer Übertragung die Poesie ist und nicht das verbale Definieren nach den Wörterbüchern.

Ein bescheidenes Verdienst darf ich vielleicht für meine Arbeit beanspruchen: Sie stellt zum ersten Mal eine japanische Schule des Studiums chinesischer Kultur vor. Bisher waren die Europäer ziemlich auf den jeweiligen wissenschaftlichen Stand der Chinesen angewiesen. Schon vor Jahrhunderten hatte China eine starke Einbuße an Kreativität und an der Fähigkeit, Einsicht in die eigenen Lebensgründe zu nehmen, erlitten; aber sein ursprünglicher Geist lebt, wächst und stellt sich durch seine Überführung nach Japan weiterhin in ursprünglicher Frische dar. Die heutigen Japaner repräsentieren eine Kulturstufe, die ungefähr derjenigen der Sung-Dynastie in China entspricht. Ich bin glücklich, während mehrerer Jahre Privatschüler bei Professor Kainan Mori, wahrscheinlich die größte lebende Autorität auf dem Gebiet der chinesischen Poesie, gewesen zu sein. Er erhielt kürzlich einen Ruf an die Kaiserliche Universität in Tokio.

Mein Gegenstand ist die Poesie, nicht die Sprache, obgleich die Poesie in der Sprache verwurzelt ist. Beim Studium einer Sprache, die der eigenen gegenüber eine so fremdartige Form aufweist wie das geschriebene Chinesisch, muss man fragen, wie diese universalen Formelemente den geeigneten Nährboden für die Poesie, die sich in ihnen verkörpert, bilden können.

In welchem Sinn kann ein Vers, geschrieben in Form von Hieroglyphen, zur wahren Poesie gezählt werden? Man könnte meinen, dass Poesie – wie die Musik eine Zeitkunst –, die ihre Einheiten aus sich folgenden Geräuschempfindungen herauszieht, echte Schwierigkeiten haben müsste, sich ein verbales Medium, das weitgehend aus halb-piktoralen Appellen an das Auge besteht, anzueignen.

Man vergleiche zum Beispiel den Vers von Gray: The curfew tolls the knell of parting day – Die Abendglocke läutet traurig Abschied – mit der chinesischen Zeile:

月 耀 如 晴 雪

Mond Strahlen wie rein Schnee

Angenommen, der Klang der letzteren sei gegeben, was haben beide gemeinsam? Es genügt nicht, anzuführen, dass die englische wie die chinesische Zeile einen gewissen Gehalt prosaischer Bedeutung besitzen; denn die Frage ist, wie kann die chinesische Zeile als Form das besondere Element einschließen, das Poesie von der Prosa unterscheidet? Bei näherem Zusehen bemerkt man, dass die chinesischen Wörter, obgleich sie Seh-Zeichen sind, genauso notwendig wie die phonetischen Symbole in Grays Zeile eine bestimmte Ordnung einhalten. Was poetische Form vor allem erfordert, ist eine regelmäßige, aber anpassungsfähige Reihenfolge, die so plastisch ist wie das Denken selbst. Die Zeichen können schweigend gesehen und gelesen werden mit dem Auge, eines nach dem andern:

Mond Strahlen wie rein Schnee.

Vielleicht sind wir uns nicht immer genügend bewusst, dass das Denken in einem Ablauf geschieht, und zwar nicht aus Zufälligkeit oder Schwäche unserer subjektiven Vorgänge, sondern weil es die Art und Weise der natürlichen Vorgänge ist. Die Übertragungen der Kraft eines Agens auf ein Objekt, welche die natürlichen Phänomene bewirken, geschehen in einem zeitlichen Ablauf. Deshalb erfordert ihre Reproduktion in der Vorstellung dieselbe zeitliche Ordnung.[2]

Nehmen wir an, wir schauen aus einem Fenster und beobachten einen Mann. Plötzlich dreht er den Kopf und richtet seine ganze Aufmerksamkeit auf etwas Bestimmtes. Wir schauen ebenfalls hin und sehen, dass die Ursache seines konzentrierten Blicks ein Pferd war. Erstens sahen wir den Mann, bevor er handelte, zweitens sahen wir ihn, während er handelte, drittens sahen wir das Objekt, das seine ganze Aufmerksamkeit auf sich zog. In der Sprache teilen wir die schnelle Kontinuität dieser Handlung und deren Bild in drei wesentliche Teile oder Glieder auf und sagen: Mann sieht Pferd.

Es ist klar, dass diese drei Glieder oder Wörter lediglich drei phonetische Symbole sind, welche für die drei Zeiten eines natürlichen Prozesses stehen. Aber wir könnten ebenso willkürlich diese drei Stadien unseres Denkens durch Symbole bezeichnen, *die nicht auf Lauten beruhen.* Zum Beispiel durch drei chinesische Schriftzeichen:

人	見	馬
Mann	sieht	Pferd

Wenn wir alle wüssten, für welchen Teil dieses geistigen Pferdebildes jedes der Zeichen steht, könnten wir unser fortwährendes Denken einander ebenso leicht durch das Zeichnen wie durch das Sprechen von Worten mitteilen. Wir sind ja auch gewohnt, die visuelle Sprache der Gestik in gleicher Weise anzuwenden. Aber das chinesische Zeichen ist weit mehr als ein willkürliches Symbol. Es basiert auf dem Stenogrammbild natürlicher Vorgänge. Im algebraischen Zeichen und im gesprochenen Wort gibt es keinen natürlichen Bezug zwischen Ding und Zeichen: Alles hängt ab von reiner Konvention. Die chinesische Methode jedoch folgt natürlicher Anregung. Erstens steht der Mann auf seinen zwei Beinen, zweitens bewegt sich sein Auge durch den Raum: Eine kühne Figur, dargestellt durch rennende Beine unter einem Auge – das abgewandelte Bild eines Auges, das abgewandelte Bild rennender Beine, aber unvergesslich, wenn man es einmal gesehen hat. Drittens steht das Pferd auf seinen vier Beinen.

Das Denk-Bild wird nicht nur einfach hervorgerufen durch Zeichen, wie es durch Wörter der Fall ist, nein, es wirkt weit lebendiger und konkreter. Beine gehören allen drei Zeichen an: Sie leben. Die ganze Gruppe hat die Eigenschaft eines bewegten Bildes.

Die Unwahrheit einer Malerei oder Fotografie besteht darin, dass ihnen trotz ihrer Konkretheit das Element der natürlichen Abfolge fehlt. Man vergleiche die Laokoon-Gruppe mit Brownings Versen:

> I sprang to the stirrup, and Joris, and he [...]
> And into the midnight we galloped abreast.

> Ich sprang in den Steigbügel, und Joris, und er [...]
> und hinein in die Mitternacht galoppierten wir Seite an Seite.

Eine Überlegenheit der verbalen Poesie als Kunst ist darin zu sehen, dass sie stets zur fundamentalen Wirklichkeit der Zeit zurückführt. Die chinesische Poesie aber hat den einzigartigen Vorteil, beide Elemente vereinigt zu besitzen. Sie spricht unmittelbar mit der Lebendigkeit der Malerei, aber auch mit der Beweglichkeit der Laute. Sie ist in gewissem Sinne sachlicher als beide, dramatischer. Wenn wir Chinesisch lesen, treiben wir keine geistreiche Akrobatik, sondern wir beobachten Dinge bei ihrem eigenen Werdegang.

Verlassen wir einmal die Satz-Form und betrachten eingehender diese Eigenschaft der Lebendigkeit in der Struktur einzelner chinesischer Wörter. Die früheren Formen dieser Zeichen waren bildhaft, und ihre Fähigkeit, die Vorstellungskraft zu beschäftigen, hat auch durch spätere konventionelle Änderungen wenig gelitten. Es ist vielleicht nicht so richtig bekannt, dass die Großzahl der ideografischen Wurzeln dieser Formen eine verbale Idee von Handlung in sich tragen. Man könnte sich denken, dass ein Bild natürlicherweise das Bild eines Dinges sei und dass deshalb die Grundgedanken des Chinesischen dem gleichzusetzen seien, was die Grammatik als Substantiv bezeichnet.

Aber die Überprüfung zeigt, dass eine große Zahl der ursprünglichen Schriftzeichen, auch die sogenannten Radikale, Kurzschriftbilder von Aktionen oder Prozessen sind. Zum Beispiel ist die ideografische Bedeutung von »sprechen« ein Mund mit zwei Wörtern und einer sich heraushebenden Flamme (siehe Tafel 4, Spalte 1, Zeichen 2, S. 70). Das Zeichen mit der Bedeutung »aufwachsen mit Schwierigkeiten« ist Gras mit einer verdrehten Wurzel (siehe Tafel 2, Spalte 1, Zeichen 4, S. 66). Aber diese konkrete Verb-Eigenschaft, bemerkbar in der Natur wie im chinesischen Zeichen, wird noch eindrucksvoller und poetischer, wenn wir von so einfachen originalen Bildern zu Komposita übergehen. Beim Prozess des Verbindens ergeben zwei addierte Dinge nicht ein drittes Ding, sondern sie deuten eine fundamentale Beziehung zwischen ihnen an. Zum Beispiel ist das Schriftzeichen für »Tischgenosse« ein Mann und ein Feuer (siehe Tafel 2, Spalte 2, Zeichen 1, S. 66).

Ein wirkliches Substantiv, ein isoliertes Ding, gibt es nicht in der Natur. Dinge sind nur die Endpunkte oder eher die Treffpunkte von Aktionen. Sie sind Querschnitte durch Aktionen, Schnappschüsse. Ebensowenig ist ein reines Verb, eine abstrakte Bewegung in der Natur möglich. Das Auge sieht Substantive und Verben als eines: Dinge in Bewegung, Bewegung in Dingen, und so will die chinesische Konzeption sie darstellen.[3]

Die Sonne unter dem aufspringenden Erscheinen von Pflanzen = Frühling (siehe 春 Tafel 2, Spalte 3, Zeichen 6, S. 66).

Das Sonnenzeichen verstrickt mit den Zweigen des Baumzeichens = Osten (siehe 東 Tafel 2, Spalte 3, Zeichen 5, S. 66).

»Reisfeld« plus »Kampf« = männlich (siehe 男 Tafel 2, Spalte 3, Zeichen 2, S. 66).

»Boot« plus »Wasser« = Boot-Wasser, eine kleine Welle (siehe 男 Tafel 2, Spalte 1, Zeichen 2, S. 66).

Kehren wir zurück zur Form des Satzes und sehen wir, welche Kraft er zu den ihn bildenden verbalen Einheiten addiert. Ich frage mich, wie viele Leute schon überlegt haben mögen, warum die Satz-Form überhaupt existiert, warum sie so allgemein notwendig scheint *in allen Sprachen?* Warum *müssen* sie alle die Satz-Form haben? Und welches ist der normale Typus? Wenn sie so allgemein vorkommt, sollte sie einem primären Naturgesetz entsprechen.

Ich kann mir vorstellen, dass die professionellen Grammatiker nur eine lahme Antwort auf diese Frage haben. Ihre Definitionen gehören zwei Typen an: Erstens, dass ein Satz einen »abgeschlossenen Gedanken« ausdrückt; zweitens, dass man in einem Satz eine Vereinigung von Subjekt und Prädikat bietet.

Die erste Definition hat den Vorteil, dass sie sich um eine natürliche, objektive Norm bemüht, da es offensichtlich ist, dass ein Gedanke nicht die Probe seiner eigenen Vollständigkeit sein kann. Aber in der Natur gibt es keine abgeschlossene Vollständigkeit. Einerseits mag sachliche Vollständigkeit durch einen Ausruf wie »he dort!«, »hau ab!« oder auch durch das Schütteln der Faust ausgedrückt werden. Es ist kein Satz notwendig, um in diesen Fällen eine bestimmte Meinung noch deutlicher zu machen. Andererseits gibt kein noch so ganzer Satz einem Gedanken Vollständigkeit. Der Mann, der sieht, und das Pferd, das gesehen wird, werden nicht stille stehen. Der Mann plante einen Ausritt, bevor er schaute. Das Pferd schlug aus, als der Mann es einzufangen versuchte. Die Wahrheit ist, dass Akte einen Ablaufcharakter haben, sogar einen kontinuierlichen; einer verursacht den nächsten oder führt zum nächsten. Und mögen wir noch so viele Nebensätze aneinanderzureihen versuchen zu einem einzigen umfassenden Satz, Bewegung sickert überall durch, wie Elektrizität aus einer ungeschützten Leitung. Alle Prozesse der Natur stehen in einer Wechselbeziehung. Und somit kann es keinen vollständigen Satz geben (wie die entsprechende Definition meint), mit Ausnahme eines einzigen, den auszusprechen endlose Zeit beanspruchen würde.

Mit der zweiten Definition des Satzes – der Satz als Vereinigung von Subjekt und Prädikat – fallen die Grammatiker zurück auf die reine Subjektivität. Wir alle tun es. Es ist ein kleines, privates Betrügen zwischen unserer rechten und linken Hand. Das Subjekt ist dasjenige, mit dessen Hilfe ich etwas sagen will; das Prädikat das andere, über das ich etwas sagen will. Das Gebilde, das dieser zweiten Definition entsprechend ein Satz sein soll, ist kein Attribut der Natur, sondern ein Produkt des Menschen als gesprächiges Tier.

Wenn es wirklich so wäre, dann gäbe es keine mögliche Probe der Wahrheit eines Satzes. Falschheit wäre so bestechend wie Wahrheit. Die Rede hätte keine Möglichkeit der Überzeugung.

Natürlich entspringt diese Ansicht der Grammatiker der unglaubwürdigen, oder besser nutzlosen Logik des Mittelalters. Aufgrund dieser Logik befasst sich das Denken mit Abstraktionen, Konzepten, die mittels eines Siebeverfahrens aus den Dingen herausgezogen werden. Diese Logiker fragten nie danach, wie die Eigenschaften, welche sie aus den Dingen herauszogen, dorthin gekommen waren. Die Wahrheit all ihres kleinlichen Jonglierens beruhte auf der natürlichen Ordnung, durch welche diese Kräfte, Fähigkeiten oder Eigenschaften in konkrete Dinge eingewickelt wurden. Dennoch verachteten sie das »Ding« als bloße Einzelheit oder Pfand. Es war, als würde Botanik mit den Blattmustern, die in unsere Tischdecken verwebt sind, begründet. Richtiges wissenschaftliches Denken besteht darin, den tatsächlichen und verworrenen Kraftlinien zu folgen, so wie sie in den Dingen pulsieren. Das Denken hat nichts zu tun mit blutlosen Konzepten, sondern es beobachtet unter dem Mikroskop die *Bewegungen der Dinge*.

Die Satzform wurde dem primitiven Menschen durch die Natur selbst aufgezwungen. Nicht er war der Erfinder des Satzes, es war der Reflex auf die zeitliche Ordnung der kausalen Zusammenhänge. Jede Wahrheit muss in Sätzen ihren Ausdruck finden, weil jede Wahrheit in der Übertragung von Kraft besteht. Der typische Satz in der Natur ist der Blitz. Er geschieht zwischen zwei Gliedern, einer Wolke und der Erde. Sie bilden eine Einheit eines natürlichen Prozesses, die nicht noch enger gefasst werden kann. Auch sind alle natürlichen Prozesse in ihren Einheiten dieser ähnlich. Licht, Wärme, Schwerkraft, chemische Affinität, menschlicher Wille haben dies gemeinsam, dass sie Kraft neu verteilen.

Ihre Prozesseinheit kann so dargestellt werden:

Wort	Kraftübertragung	Wort
von	von	zu
welchem	Kraft	welchem.

Wenn wir diese Übertragung als bewussten oder unbewussten Akt eines Agens betrachten, können wir das Diagramm übersetzen in:

Agens	Akt	Objekt.

In diesem Bezugsmodell ist der Akt die wirkliche Substanz. Agens und Objekt sind nur die begrenzenden Glieder.

Es scheint mir, dass der normale und typische Satz im Englischen so gut wie im Chinesischen gerade diese Einheit des natürlichen Prozesses ausdrückt. Er besteht aus drei notwendigen Wörtern: Das erste bezeichnet das Agens oder das Subjekt, von dem die Handlung ausgeht, das zweite verkörpert den tatsächlichen Schlag des Aktes, das dritte zeigt auf das Objekt, auf den Empfänger des einwirkenden Aktes. Somit:

Bauer stampft Reis.

Die Form des chinesischen transitiven Satzes, und auch die des englischen (bei Auslassung von Partikeln), entspricht exakt dieser universalen Form von Aktion in der Natur. Dies bringt die Sprache nahe zu den Dingen, und in ihrer starken Abhängigkeit von Wörtern erhebt sie jegliches Sprechen zu einer Art dramatischen Poesie.

Eine davon verschiedene Satzordnung trifft man bei den flektierenden Sprachen wie dem Latein, dem Deutschen oder dem Japanischen. Das hängt von ihrer Flexion ab, das heißt, sie haben kleine Zusätze und Wortendungen oder Hinweise, die zeigen, welches das Agens, das Objekt usw. ist. Bei den nicht flektierenden Sprachen wie dem Englischen und Chinesischen unterscheidet nur die Ordnung der Wörter, welches ihre Funktion ist. Und diese Ordnung wäre eine ungenügende Andeutung, wäre sie nicht die natürliche

Ordnung – das heißt die Abfolge von Ursache und Wirkung.

Es stimmt, dass es in der Sprache intransitive und passive Formen, Sätze, aufgebaut auf dem Verb »sein«, und schließlich negative Formen gibt. Den Grammatikern und Logikern sind diese Formen als die primitiveren oder wenigstens als Ausnahmen gegenüber den transitiven vorgekommen. Ich hatte schon lange die Vermutung, dass diese scheinbar außergewöhnlichen Formen aus transitiven Formen gewachsen oder aus Veränderungen entstandene abgenutzte Formen waren. Diese Ansicht wird durch chinesische Beispiele bestätigt, bei denen der Vorgang der Transformation noch immer beobachtet werden kann.

Die intransitive Form entsteht aus der transitiven durch das Wegfallenlassen eines generalisierten, gewohnten, reflexiven oder verwandten Objektes: »Er rennt (ein Rennen).« »Der Himmel rötet (sich).« »Wir atmen (Luft).« Auf diese Weise erhalten wir schwache und unvollständige Sätze, die das Bild aufheben und uns denken lassen, dass es einige Verben gäbe, die eher Zustände und nicht Vorgänge bezeichnen. Außerhalb der Grammatik würde das Wort »Zustand« schwerlich als wissenschaftlich anerkannt werden. Wer kann daran zweifeln, dass mit einer Aussage wie »die Wand leuchtet« wir sagen wollen, dass sie aktiv Licht zu unseren Augen reflektiert?

Die Schönheit der chinesischen Wörter besteht darin, dass sie alle, je nach Gefallen, transitiv oder intransitiv sind. So etwas wie ein natürliches intransitives Verb gibt es nicht. Die passive Form steht offenbar in Wechselbeziehung zur aktiven Form. Eine Umstellung, und aus dem Objekt wird ein Subjekt. Dass das Objekt an sich nicht passiv ist, sondern positive Kraft zur Aktion beiträgt, stimmt überein mit wissenschaftlicher Gesetzmäßigkeit und mit der üblichen Erfahrung. Das englische Passiv mit »ist« schien zuerst dieser Hypothese entgegenzustehen, aber es war zu vermuten, dass seine eigentliche Form ein verallgemeinertes transitives Verb mit ungefähr der Bedeutung von »bekommen« war, welches zu einem Hilfsverb degenerierte. Es war ein Vergnügen, festzustellen, dass dies im Chinesischen der Fall ist.

In der Natur gibt es keine Verneinung, keine Möglichkeit einer negativen Kraftübertragung. Das Vorkommen negativer Sätze in der Sprache scheint die Ansicht der Logiker zu bestätigen, wonach die Behauptung ein willkürlicher, subjektiver Akt ist. *Wir* können eine Verneinung erklären, obschon die Natur das nicht kann. Aber auch hier kommt uns die Wissenschaft wieder zu Hilfe gegen die Logiker: Alle scheinbar negativen oder spaltenden Bewegungen bringen andere, positive Kräfte ins Spiel. Vernichten erfordert große Anstrengung. Wir sollten deshalb vermuten können, dass ein Zurückverfolgen der Geschichte aller negativen Partikel zur Entdeckung führen müsste, dass sie ebenfalls transitiven Verben entsprungen sind. Es ist zu spät, solche Herkünfte in den arischen Sprachen aufzuzeigen, der Anhaltspunkt ist verlorengegangen. Aber im Chinesischen können wir immer noch Übergänge von positiven verbalen Konzeptionen zu sogenannten negativen beobachten. So ist im Chinesischen das Zeichen mit der Bedeutung »im Walde verloren sein« in Verbindung zu bringen mit einem Zustand der Nicht-Existenz. Dem englischen »not« (nicht) entspricht in Sanskrit *na*, welches von der Wurzel *na*, verloren sein, zugrunde gehen, abstammen mag.

Schließlich kommt der Infinitiv, der an die Stelle eines bestimmten farbigen Verbs die universale Kopula »ist« setzt, gefolgt von einem Substantiv oder einem Adjektiv. Wir sagen nicht: Ein Baum »grünt sich selbst«, sondern »der Baum ist grün«, und nicht »Affen gebären lebendige Junge«, sondern »der Affe ist ein Säugetier«. Das ist die letzte sprachliche Schwächung, die von einer Verallgemeinerung aller intransitiven Wörter zu einem einzigen herrührt. Da »leben«, »sehen«, »gehen«, »atmen« verallgemeinert wurden zu Zuständen, indem sie ihre Objekte wegfallen ließen, wurden diese schwachen Verben umgekehrt reduziert zum abstraktesten Zustand, nämlich zur reinen Existenz.

In der Realität gibt es kein Verb als eine reine Kopula, und es gibt keine solche originale Konzeption: Unser Wort »existieren« bedeutet »hervorstehen«, »sich selbst zeigen« als bestimmter Akt. »Ist« stammt von der arischen Wurzel *as*, atmen. »Be« (sein) stammt von *bhu*, wachsen.

Im Chinesischen bedeutet das Hauptverb für »ist« nicht nur ein aktives »haben«, sondern es zeigt durch seine Ableitung, dass es etwas viel Konkreteres ausdrückt,

nämlich »vom Mond herunter 有 reißen mit der Hand«.

Hier wird das nackteste Symbol prosaischer Analyse durch Magie zu einem prächtigen Aufblitzen konkreter Poesie verwandelt.

Ich werde nicht vergeblich auf eine so lange Analyse des Satzes eingegangen sein, wenn es mir gelungen ist, zu zeigen, wie poetisch die chinesischen Formen und wie eng sie mit der Natur verbunden sind. Beim Übersetzen aus dem Chinesischen, besonders bei Versen, muss man sich so eng wie möglich an die konkrete Kraft des Originals halten, Adjektive, Substantive und intransitive Formen wenn immer möglich vermeiden und dafür starke und individuelle Verben suchen.

Nicht zuletzt stellen wir fest, dass die formale Ähnlichkeit zwischen dem chinesischen und dem englischen Satz die Übersetzung vom einen zum andern außergewöhnlich erleichtert. In beiden steckt ein ähnlicher Geist. Es ist häufig möglich, unter Auslassung englischer Partikel, buchstäblich Wort für Wort, Übertragungen vorzunehmen, die nicht nur verständliches Englisch, sondern auch das stärkste und poetischste Englisch sind. Natürlich nur, wenn man sich so eng wie möglich an das Gesagte hält und nicht bloß an das, was abstrakt gemeint ist.

Gehen wir jetzt jedoch zurück vom chinesischen Satz zum individuellen geschriebenen Wort. Wie müssen solche Wörter klassifiziert werden? Sind einige von ihnen von Natur her Substantive, einige Verben und einige Adjektive? Gibt es im Chinesischen Pronomen und Präpositionen und Konjunktionen so gut wie in den christlichen Sprachen?

Der Verdacht drängt sich auf, durch eine Analyse der arischen Sprachen, dass solche Unterscheidungen nicht natürlich sind und dass sie unglücklicherweise von den Grammatikern erfunden wurden, um die einfache, poetische Auffassung des Lebens zu verwirren. Alle Nationen haben ihre stärkste und lebendigste Literatur vor der Erfindung ihrer Grammatiken geschrieben. Überdies weist die ganze arische Etymologie auf Wurzeln zurück, welche die Entsprechung zu einfachen Sanskritverben sind, wie wir sie im Anhang in Tabellenform aufgezeichnet haben. Die Natur selbst hat keine Grammatik.[4]

Man stelle sich vor, wir greifen irgendwo einen Mann heraus, um ihm zu sagen, er sei ein Substantiv, eher ein totes Ding als ein Bündel von Funktionen! Ein Redeteil wirkt nur in seiner Funktion. Häufig versagen unsere Spaltungsweisen; der eine Teil der Sprache handelt für einen andern. Sie handeln füreinander, weil sie ursprünglich ein und derselbe waren.

Wenige von uns vergegenwärtigen sich, dass diese wahrhaftigen Unterschiede einst in der lebendigen Artikulation heranwuchsen; dass sie immer noch Leben bewahren. Nur wenn bisweilen die Schwierigkeit auftritt, einen seltsamen Ausdruck einzusetzen, oder wenn wir zum Übersetzen in eine sehr verschiedene Sprache gezwungen sind, dann erreichen wir während eines Moments die innere Gedankenwärme, die Wärme, welche die Wortarten schmilzt, um sie nach Belieben umzuformen.

Eine der interessantesten Feststellungen über die chinesische Sprache ist die, dass wir nicht nur die Satzformen, sondern buchstäblich die Wortarten wachsen sehen, wie sie auseinander hervorgehen. Die chinesischen Wörter sind wie die Natur lebendig und plastisch, weil Ding und Aktion nicht formal getrennt sind. Die chinesische Sprache kennt natürlicherweise keine Grammatik.

Erst in letzter Zeit begannen Ausländer, Europäer und Japaner, diese vitale Sprache zu martern, um sie für das Bett ihrer Definitionen passend zu machen. Wir führen in unsere Lektüre des Chinesischen alle Schwächen unseres eigenen Formalismus ein. Das ist besonders traurig in der Poesie, weil hier die erste und letzte Notwendigkeit, auch in unserer eigenen Poesie, die ist, die Wörter so beweglich wie möglich zu halten und ihnen die Lebenskraft der Natur zu bewahren.

Doch gehen wir weiter mit unserem Beispiel. Im Englischen bezeichnen wir »to shine« (glänzen) als ein Verb im Infinitiv, weil damit die abstrakte Bedeutung des Verbs ohne Bedingungen gegeben wird. Wenn wir ein entsprechendes Adjektiv wünschen, nehmen wir ein davon verschiedenes Wort – »bright« (glänzend). Brauchen wir ein Substantiv, sagen wir »luminosity« (Glanz), welches abstrakt und von einem Adjektiv abgeleitet ist.[5] Um ein erträgliches konkretes Substantiv zu bekommen, müssen wir die Wurzeln von Verb und Adjektiv hinter uns lassen und auf ein Ding stoßen, das willkürlich von seiner aktiven Kraft abgeschnitten wurde, also »die Sonne« oder »der Mond«. Es versteht sich, dass es in der Natur eine solche Lostrennung nicht gibt, weshalb diese Substantivierung selbst eine Abstraktion ist. Auch wenn wir für das Verb »shine«, das Adjektiv »bright« und das Substantiv »sun« (Sonne) gleichzeitig ein gemeinsames Grundwort hätten, müssten wir es wahrscheinlich einen »Infinitiv des Infinitivs« nennen. Entsprechend unseren Ideen müsste es etwas extrem Abstraktes sein, zu unfassbar für uns.[6]

Die Chinesen haben ein Wort, *ming*. Sein Schriftzeichen ist das Zeichen der Sonne zusammen mit dem Zeichen des Mondes. Es dient als Verb, Substantiv, Adjektiv. So schreibt man buchstäblich »Sonne und Mond des Bechers« für »des Bechers Glanz«. Als Verb eingesetzt, schreibt man »der Becher sonn-und-mondet«, tatsächlich »Becher Sonne-und-Mond«, oder in abgeschwächter Denkweise »ist wie Sonne«, d. h. glänzt. »Sonne-und-Mond Becher« heißt natürlich: Ein glänzender Becher. Es gibt keine Verwirrung über die wirkliche Bedeutung, obschon ein einfältiger Gelehrter eine Woche über dem Versuch verbringen kann, herauszufinden, was für eine Wortart er in der Übersetzung eines sehr einfachen und direkten Gedankens vom Chinesischen ins Englische gebrauchen soll.

Die Wahrheit ist, dass fast jedes geschriebene chinesische Wort eigentlich genau ein solches Grundwort ist, und trotzdem ist es nicht abstrakt. Es ist nicht ohne Wortart-Zugehörigkeit, aber es ist umfassend. Es ist nicht etwas, das weder ein Substantiv, ein Verb noch ein Adjektiv ist, sondern etwas, das alles gleichzeitig und jederzeit ist.

Im Gebrauch mag sich die volle Bedeutung einmal mehr auf diese, einmal mehr auf jene Seite neigen, je nach dem Gesichtspunkt, aber in allen Fällen ist der Dichter frei, sich ihrer reichlich und konkret zu bedienen, genau wie es die Natur auch macht.

In der Ableitung der Substantive von Verben ist das Arische dem Chinesischen zuvorgekommen. Fast alle Sanskrit-Wurzeln, welche den europäischen Sprachen zugrunde zu liegen scheinen, sind ursprüngliche Verben, welche charakteristische Handlungen der sichtbaren Natur ausdrücken. Das Verb muss die ursprüngliche Tatsache der Natur sein, denn Bewegung und Wechsel sind alles, was wir in ihr erkennen können. Im ursprünglichen transitiven Satz wie z. B. »Bauer stampft Reis« sind das Agens und das Objekt nur insofern Substantive, als sie eine Handlungseinheit begrenzen. »Bauer« und »Reis« sind reine, harte Bezeichnungen, welche die Extreme des Stampfens bestimmen. Aber abgesehen von dieser Satz-Funktion, sind sie selbst natürlich Verben. Der Bauer ist einer, der den Boden bearbeitet, und der Reis ist eine Pflanze, die in einer bestimmten Weise wächst. Dies wird in den chinesischen Schriftzeichen angedeutet. Und dies veranschaulicht wahrscheinlich die übliche Ableitung der Substantive von Verben. In allen Sprachen, das Chinesische inbegriffen, ist ein Substantiv anfänglich »das, was etwas tut«, was die verbale

Handlung durchführt. So stammt der Mond von der Wurzel *ma* und bedeutet »der Messende«. Die Sonne bedeutet »das Zeugende«.

Die Ableitung der Adjektive von Verben braucht schwerlich durch Beispiele belegt zu werden. Auch heute können wir immer noch beobachten, wie Partizipien übergehen in Adjektive. Im Japanischen ist das Adjektiv offener Bestandteil des flektierten Verbs, eine besondere Stimmung, sodass jedes Verb auch ein Adjektiv ist. Dies bringt uns nahe an die Natur heran, weil überall die Eigenschaft nur eine Kraft der Aktion, behaftet mit einer Abstraktion, ist. Grün ist nur eine gewisse Schnelligkeit der Vibration, Härte ein Spannungsgrad der Kohäsion. Im Chinesischen bewahrt das Adjektiv immer etwas von der Substanz der Verb-Bedeutung. Wir sollten versuchen, dies in der Übersetzung wiederzugeben und uns nicht mit einer blutleeren adjektivischen Abstraktion mit »ist« zu begnügen.

Noch viel interessanter sind die chinesischen »Präpositionen« – sie sind oft »Postpositionen« (Nach-Wörter statt Vor-Wörter). Präpositionen sind nur deshalb so wichtig und solche Angelpunkte in europäischen Sprachen, weil wir auf die Kraft unserer intransitiven Verben verzichtet haben. Wir müssen kleine, überzählige Wörter hinzufügen, um die ursprüngliche Kraft zurückzugewinnen. Wir sagen noch immer »ich sehe ein Pferd«, aber mit dem schwachen Verb »look« (sehen) müssen wir das richtungweisende Teilchen »at« anfügen, damit wir den natürlichen transitiven Charakter wiederherstellen können.[7]

Präpositionen stellen einige der einfachen Wege dar, wie unvollständige Verben sich vervollständigen. Auf begrenzende Substantive hinweisend, gelingt es ihnen, auf diese einzuwirken. Das heißt, dass sie natürliche Verben von verallgemeinertem und abgekürztem Gebrauch sind. In den arischen Sprachen ist es oft schwierig, die Spur einfacher Präpositionen zum ursprünglichen Verb zu finden. Nur in »off« (weg, ab) sehen wir ein Fragment des Gedankens von »to throw off« (abwerfen). Im Chinesischen ist die Präposition offensichtlich ein Verb, das vor allem in verallgemeinertem Sinn verwendet wird. Diese Verben werden oft in ihrem eigentlichen Verb-Sinn gebraucht, und es schwächt eine englische Übersetzung wesentlich ab, wenn sie sie systematisch durch farblose Präpositionen wiedergibt.

Beispiele: Im Chinesischen ist »by« (durch) = »to cause« (verursachen); »to« (zu) = »to fall toward« (auf etwas zufallen); »in« (in) = »to remain« (bleiben), »to dwell« (wohnen, verweilen); usw.

Konjunktionen sind in ähnlicher Weise abgeleitet. Sie dienen üblicherweise der Vermittlung von Aktionen zwischen Verben, weshalb sie notwendigerweise selbst Aktionen sind. So ist im

Chinesischen: »because« (weil) = »to use« (gebrauchen); »and« (und) = »to be included under one« (in einem enthalten sein); eine andere Form von »and« (und) = »to be parallel« (gleichlaufend, entsprechend sein); »or« (oder) = »to partake« (teilhaben); »if« (wenn) = »to let one do, to permit« (tun lassen, erlauben). Das gleiche gilt für eine Unzahl von Teilchen, die in den arischen Sprachen nicht mehr nachweisbar sind.

Pronomen scheinen unserer Evolutionstheorie hinderlich zu sein, da sie als nicht analysierbare Ausdrücke für Persönlichkeit aufgefasst worden sind. Im Chinesischen geben sie sogar ihre beachtlichen Geheimnisse der verbalen Metapher preis. Sie bilden eine dauernde Quelle der Schwäche, wenn sie farblos übersetzt werden. Man nehme zum Beispiel die fünf Formen von »I« (ich). Da gibt es das Zeichen »Speer in der Hand« = ein sehr emphatisches »ich«; fünf und ein Mund = ein schwaches und defensives »ich«, mit dem eine Menge durch Sprechen zurückgehalten wird; verbergen = ein selbstsüchtiges und privates »ich«; das selbst (das Kokon-Zeichen) und ein Mund = ein egoistisches »ich«, einer, der Vergnügen findet am eigenen Reden; das »selbst« wird nur verwendet, wenn man zu sich selbst spricht.

Ich hoffe, dass dieses Abschweifen auf Wortarten sich selbst gerechtfertigt hat. Zuerst beweist es den enormen Nutzen der chinesischen Sprache zur Erhellung unserer vergessenen geistigen Prozesse und liefert damit ein neues Kapitel Sprachphilosophie. Zweitens ist es unentbehrlich zum Verständnis des poetischen Rohmaterials, welches die chinesische Sprache bietet. Poesie unterscheidet sich von Prosa in den konkreten Farben ihrer Diktion. Es genügt ihr nicht, den Philosophen Bedeutungen zu liefern. Sie muss Emotionen ansprechen mittels des Charmes der direkten Impression, sie muss durch Regionen blitzen, wo der Intellekt nur tappen kann.[8] Poesie muss wiedergeben, was gesagt wird, nicht, was nur gemeint ist. Abstrakte Bedeutung gibt uns wenig, aber Fülle der Vorstellungskraft die ganze Lebendigkeit. Chinesische Poesie fordert uns zum Verlassen unserer engen grammatikalischen Kategorien auf, damit wir den originalen Texten mit einem Reichtum an konkreten Verben folgen mögen.

Aber dies ist erst der Anfang unserer Angelegenheit. Bis jetzt haben wir die chinesischen Schriftzeichen und den chinesischen Satz hauptsächlich als lebendige Kurzschriftbilder von Aktionen und Prozessen in der Natur dargelegt. Diese verkörpern wahre Poesie so weit wie sie reichen. Solche Aktionen werden *gesehen,* aber das Chinesische wäre eine arme Sprache und die chinesische Poesie eine beschränkte Kunst, könnten sie darüber hinaus nicht auch das Unsichtbare darstellen. Die beste Poesie befasst sich nicht nur mit natürlichen Bildern, sondern mit erhabenen Gedanken, geistigen Eingebungen und dunklen Beziehungen. Der größte Teil der natürlichen Wahrheit ist in Prozessen verborgen, die zu winzig sind für das Sehvermögen, in Harmonien, die zu umfassend sind, in Schwingungen, Zusammenhängen und Verwandtschaften. Das Chinesische schließt diese ebenfalls – und mit großer Kraft und Schönheit – ein.

Man wird fragen, wie das Chinesische ein großes intellektuelles Gebäude von der reinen Bilderschrift her aufbauen konnte? Dem normalen westlichen Verstand, der glaubt, dass Denken sich mit logischen Kategorien befasst, und der die Fähigkeit direkter Imagination eher verurteilt, scheint diese Leistung gänzlich unmöglich. Trotzdem schritt die chinesische Sprache mit ihren merkwürdigen Materialien vom Sichtbaren zum Unsichtbaren mithilfe genau desselben Prozesses, welchen alle alten Völker anwandten. Dieser Prozess besteht in der Anwendung der Metapher, im Gebrauch von materiellen Bildern zur Andeutung von immateriellen Bezügen.[9]

Die ganze empfindliche Substanz der Sprache ist auf den Grundlagen der Metapher aufgebaut. Abstrakte Begriffe, die ausgepresst werden durch die Etymologie, verschleiern ihre alten, noch immer in direkten Handlungen eingebetteten Ursprünge. Aber die ersten Metaphern entsprangen nicht willkürlichen Prozessen. Sie waren und sind nur möglich, weil sie objektiven Beziehungslinien in der Natur selbst folgen: Beziehungen an sich sind realer und wichtiger als die Dinge, die dadurch miteinander verbunden werden. Die Kräfte, welche den Winkel eines Astes der Eiche hervorbringen, sind potent vorhanden in der Eichel. Ähnliche Widerstandslinien, welche die nach außen drängenden Lebenskräfte zur Hälfte im Zaume halten, lenken die Verzweigungen der Flüsse und der Nationen. So sind ein Nerv, ein Draht, eine Fahrbahn, ein Börsenhaus nur variierte Kanäle, welche die Kommunikation für sich selbst schafft. Das ist mehr als Analogie, es ist Identität der Struktur. Die Natur liefert ihre eigenen Fingerzeige. Wäre die Welt nicht voll von Homologien, Sympathien und Identitäten gewesen, das Denken wäre verkümmert und die Sprache an das Augenfällige gekettet worden. Es hätte keine Brücke gegeben zwischen der kleineren Wahrheit des Sichtbaren und der größeren Wahrheit des Unsichtbaren: Nicht mehr als einige hundert Wurzeln innerhalb unserer großen Vokabulare könnten sich direkt auf physikalische Prozesse beziehen. Diese können wir recht gut identifizieren im ursprünglichen Sanskrit. Es sind fast ohne Ausnahme lebende Verben. Der Reichtum der europäischen Sprache wuchs, indem sie langsam dem komplizierten Labyrinth, das die Natur aus

Andeutungen und Verwandtschaften darbietet, nachging. Metapher wurde auf Metapher gehäuft, ähnlich geologischen Schichten.

Die Metapher, die Offenbarung der Natur, ist die wahre Substanz der Poesie. Das Bekannte erklärt das Dunkel, das Universum ist voll von Mythen. Die Schönheit und die Freiheit der beobachteten Welt geben uns ein Vorbild, und das Leben geht schwanger mit Kunst. Es ist ein Fehler, anzunehmen – mit einigen Philosophen und Ästhetikern –, Kunst und Poesie trachteten danach, sich mit dem Allgemeinen und dem Abstrakten zu befassen. Dieses Missverständnis wurde uns von der mittelalterlichen Logik aufgeschwatzt. Kunst und Poesie behandeln das Konkrete der Natur, sie befassen sich nicht mit den Reihen separater Einzelheiten, da solche Reihen gar nicht existieren. Poesie ist feiner als Prosa, weil sie uns im selben Bereich der Wörter mehr konkrete Wahrheit schenkt. Nur Poesie tut bewusst, was die alten Völker unbewusst taten.[10] Die Hauptaufgabe der Schriftsteller ist die Behandlung der Sprache, die der Dichter im speziellen liegt darin, den alten Entwicklungslinien nachzuspüren.[11] Er muss dies tun, damit er die durch all die subtilen Untertöne der Bedeutung bereicherten Wörter bewahren kann. Die originalen Metaphern bilden eine Art leuchtenden Hintergrund, geben Farbe und Leben und drängen zur Konkretheit der natürlichen Prozesse. Bei Shakespeare wimmelt es überall von Beispielen. Dies sind die Gründe, weshalb die Poesie die früheste der Weltkünste ist. Poesie, Sprache und die Achtung der Mythen wuchsen gemeinsam auf.

Ich habe alles das angeführt, weil es mir zu zeigen erlaubt, warum ich glaube, dass die geschriebene chinesische Sprache nicht nur die poetische Substanz der Natur absorbierte und damit ein zweites metaphorisches Werk aufbaute, sondern dass sie, durch ihre sehr bildliche Augenfälligkeit, ihre ursprüngliche kreative Poesie mit mehr Lebenskraft und Lebendigkeit als irgendeine phonetische Sprache zu bewahren fähig war. Sehen wir zuerst einmal, wie nahe sie in ihren Metaphern an das Herz der Natur herankommt. Wir können ihren Übergang vom Sichtbaren zum Unsichtbaren beobachten, wie wir den Übergang vom Verb zum Pronomen beobachteten. Sie hat Anteil an der anfänglichen Lebenskraft, ist nicht abgeschnitten und ausgetrocknet wie ein Spazierstock. Man hat uns erzählt, dass diese Leute kalt, praktisch, mechanisch, nüchtern seien und ohne eine Spur schöpferischen, einfallsreichen Geistes. Das ist Unsinn.

Unsere Vorfahren bauten die Anhäufungen von Metaphern in Sprachstrukturen und Denksysteme ein. Die heutigen Sprachen sind dünn und kalt, weil wir weniger denken und weniger in sie hineindenken. Wir sind gezwungen, um der Schnelligkeit und Schärfe willen, jedes Wort abzufeilen zum schmalsten Grat der Bedeutung. Die Natur scheint weniger ein Paradies als mehr und mehr eine Fabrik geworden zu sein. Wir sind mit dem vulgären Missbrauch des Augenblicks einverstanden.

Ein letztes Stadium des Verfalls ist festgehalten und lebt fort im Wörterbuch.

Nur Gelehrte und Dichter fühlen sich mühsam zurück am Faden unserer Etymologien und setzen, so gut sie können, aus vergessenen Fragmenten unsere Diktion zusammen. Diese Blutarmut der modernen Sprache wird nur zu sehr ermutigt durch die schwache Kohäsionskraft unserer phonetischen Symbole. Es gibt wenig oder nichts in einem phonetischen Wort, was die embryonalen Stadien seines Wachstums vorführen würde. Es trägt seine Metapher nicht im Gesicht. Wir vergessen, dass Persönlichkeit einst nicht die Seele, sondern die Maske der Seele meinte. Das ist so eine Sache, die man möglicherweise nicht vergisst im Gebrauch chinesischer Symbole.

Hier zeigt das Chinesische seinen Vorzug. Seine Etymologie ist dauernd sichtbar. Es bewahrt den schöpferischen Impuls und Prozess sichtbar und hält ihn in Tätigkeit. Nach Tausenden von Jahren sind die Linien des metaphorischen Fortschreitens noch immer zu sehen und in vielen Fällen auch tatsächlich im Sinn bewahrt. Auf diese Weise wird ein Wort, anstatt mit uns allmählich ärmer und ärmer zu werden, reicher und noch reicher von Generation zu Generation, fast bewusst leuchtend. Sein Gebrauch in nationaler Philosophie und Geschichte, in Biografie und Dichtung stattet es aus mit einem Nimbus aus Bedeutungen. Diese konzentrieren sich um das grafische Symbol. Die Erinnerung kann sie behalten und verwenden. Der Grund selbst des chinesischen Lebens scheint in die Wurzeln seiner Sprache verstrickt. Die vielfältigen Illustrationen, welche seine Jahrbücher der persönlichen Erfahrung füllen, die Richtlinien der Neigung, die in einem tragischen Höhepunkt zusammenlaufen, der moralische Charakter als der wahre Kern des Ursprungs – sie alle erleuchten gleichzeitig den Geist als verstärkende Werte mit einer Sinnhäufung, die zu erreichen eine phonetische Sprache schwerlich hoffen kann. Ihre Schriftzeichen sind wie blutbefleckte Schlachtfahnen für einen alten Kämpfer. Vor uns ist es der Dichter als einziger, für den die gesammelten Schätze der Volkswörter real und aktiv sind. Poetische Sprache ist stets vibrierend vor einander überlagernden Obertönen und natürlichen Affinitäten, aber im Chinesischen hat die Sichtbarkeit der Metapher den Hang, diese Eigenschaft zu ihrer größten Steigerung zu bringen.

Ich erwähnte die Tyrannei der mittelalterlichen Logik. Gemäß dieser europäischen Logik ist das Denken eine Art Backsteinhof. Es ist in kleine, harte Einheiten oder Konzepte gebacken. Diese werden entsprechend ihren Maßen in Reihen aufgehäuft und dann für zukünftigen Gebrauch mit Wörtern etikettiert. Der Gebrauch besteht im – entsprechend der passenden Etikette – Auswählen und Zusammenkleben einiger Backsteine zu einer Mauer, genannt Satz, wobei entweder weißer Mörtel für die positive Kopula »ist« oder schwarzer Mörtel für die negative Kopula »ist nicht« verwendet wird. Auf diesem Weg produzieren wir so bewundernswerte Behauptungen wie »ein Pavian mit Ringelschwanz ist keine konstitutionelle Versammlung«.

Betrachten wir einmal eine Reihe von Kirschbäumen. Von jedem nehmen wir abwechselnd ein »Abstraktes«, wie die Redewendung heißt, einen gewissen gemeinsamen Klumpen Eigenschaften, welche wir zusammen unter dem Namen »Kirsche« oder »Kirsch-heit« zum Ausdruck bringen. Als nächstes platzieren wir in einer zweiten Tabelle mehrere solcher charakteristischen Konzepte: Kirsche, Rose, Sonnenuntergang, Eisenrost, Flamingo. Von diesen abstrahieren wir eine weitere gemeinsame Eigenschaft, Verdünnung oder Mittelmäßigkeit, und etikettieren sie mit »Rot« oder »Rot-heit«. Es ist offensichtlich, dass der

Abstraktionsprozess unbestimmt weitergetrieben werden kann, und zwar mit allen Arten von Materialien. Wir können ewig so weitermachen und Pyramiden verdünnter Begriffe bauen, bis wir die Spitze »Wesen« erreichen.

Aber wir haben genug getan, um den charakteristischen Prozess zu illustrieren. An der Basis der Pyramide liegen *Dinge,* aber sprachlos gleichsam. Sie können sich selbst nie als Dinge erfassen, bis sie hinauf- und hinuntersteigen zwischen den Schichten der Pyramiden. Dieser Weg hinunter und hinauf an der Pyramide kann wie folgt veranschaulicht werden: Wir nehmen einen weniger verdünnten Begriff wie »Kirsche«. Wir sehen, dass er enthalten ist in einem höheren wie »Rot-heit«. Dann ist es erlaubt zu sagen, in Form eines Satzes: »Kirsch-heit ist in Rot-heit enthalten«, oder kurz: »(die) Kirsche ist rot«. Falls wir andererseits unser gewähltes Subjekt nicht unter einem gegebenen Prädikat finden, verwenden wir die schwarze Kopula und sagen zum Beispiel »(die) Kirsche ist nicht flüssig«.

Von diesem Punkt könnten wir zur Theorie des Syllogismus weitergehen, aber wir enthalten uns. Es genügt, zur Kenntnis zu nehmen, dass der geübte Logiker es passend findet, sein Gedächtnis mit langen Listen von Substantiven und Adjektiven zu versehen, da diese natürlich die Namen von Klassen sind. Die meisten Textbücher über Sprache beginnen mit solchen Listen. Das Studium der Verben ist mager, da in einem solchen System nur ein wirkliches Verb existiert, nämlich das Quasi-Verb »ist«. Alle andern Verben können in Partizipien und ins Gerundium verwandelt werden, »to run« (rennen) zum Beispiel wird praktisch eine Angelegenheit von »running« (rennend). Anstatt direkt zu denken »der Mann rennt«, macht unser Logiker zwei subjektive Gleichungen, nämlich: Das fragliche Individuum ist enthalten unter der Klasse »Mann«, und die Klasse »Mann« ist enthalten unter der Klasse »rennende Dinge«.

Der völlige Verlust und die Schwachheit dieser Methode sind augenscheinlich und offenkundig. Selbst in ihrem eigenen Bereich kann nicht die Hälfte von dem gedacht werden, was zu denken gewünscht ist. Sie hat keinen Weg, irgend zwei Begriffe, von denen der eine nicht zufällig dem andern untergeordnet ist, in derselben Pyramide zusammenzubringen.

Es ist unmöglich, in diesem System den Wechsel oder irgendeine Art von Wachstum darzustellen.

Dies ist wahrscheinlich der Grund, weshalb die Idee der Evolution in Europa so spät aufkam. *Sie konnte so lange nicht vorwärtskommen, bis sie vorbereitet war, die eingewurzelte Logik der Klassifikation zu zerstören.*

Weit schlimmer als dies ist, dass eine solche Logik sich nicht mit Interaktion oder Vielfältigkeit der Funktion befassen kann. Dem würde entsprechen, dass die Funktion meiner Muskeln so isoliert ist von der Funktion meiner Nerven wie von einem Erdbeben auf dem Mond. Für diese Logik sind die armen, vernachlässigten Dinge an den Basen der Pyramiden nur eine Menge Einzelheiten oder Werkzeuge.

Die Wissenschaft kämpfte, bis sie an die Dinge herankam. Ihre ganze Arbeit tat sie von der Basis der Pyramide, nicht von der Spitze aus. Sie hat entdeckt, wie Funktionen in den Dingen zusammenhängen. Sie drückt ihre Resultate in Satz-Gruppen aus, welche keine Substantive oder Adjektive verkörpern, sondern Verben speziellen Charakters. Die wahre Formel für Denken ist: Der Kirschbaum ist alles das, was er tut. Seine in Wechselbeziehung stehenden Verben setzen ihn zusammen. Am Grunde sind diese Verben transitiv. Solche Verben mögen in fast unendlicher Zahl vorkommen.

In der Diktion und in der grammatikalischen Form ist Wissenschaft gänzlich der Logik entgegengesetzt. Die ersten Menschen, die die Sprache schufen, stimmten mit der Wissenschaft und nicht mit der Logik überein. Die Logik missbrauchte die Sprache, welche sie ihrer Gnade preisgab.

Die Poesie stimmt mit der Wissenschaft und nicht mit der Logik überein.

Im Moment, wo wir die Kopula brauchen; im Moment, wo wir Subjektives ausdrücken, verdunstet die Poesie. Je konkreter und lebendiger wir die Interaktion der Dinge zum Ausdruck bringen, desto besser die Poesie. Wir benötigen in der Poesie Tausende von aktiven Wörtern, von denen jedes sein Bestes gibt, um Motiv und Lebenskräfte darzulegen. Wir können den Reichtum der Natur nicht durch reine Summierung, durch das Aufhäufen von Sätzen vorführen. Das poetische Denken arbeitet mit suggestiver Kraft, macht einen Satz schwanger mit einem Maximum von Bedeutung, der so belastet von innen her leuchtet.

Im chinesischen Schriftzeichen versammelt jedes Wort in sich diese Art von Energie.

Falls wir übergehen zum formalen Studium der chinesischen Poesie, sollten wir uns selbst warnen vor den logischen Fallgruben. Wir sollten uns der modernen, engen, utilitaristischen Bedeutungen bewusst sein, welche in den kommerziellen Wörterbüchern den Wörtern zugeschrieben werden. Wir sollten die metaphorischen Obertöne zu erhalten versuchen. Wir sollten uns vor der englischen Grammatik, mit ihren harten Wortarten und ihrer faulen Befriedigung mit Substantiven und Adjektiven, in Acht nehmen. Wir sollten den verbalen Unterton in jedem Substantiv suchen und schließlich im Gedächtnis haben. Wir sollten »ist« vermeiden und den ganzen Reichtum vernachlässigter englischer Verben einführen. Die meisten Übersetzungen vergewaltigen alle diese Regeln.

Die Entwicklung des normalen transitiven Satzes beruht auf der Tatsache, dass in der Natur eine Aktion die andere auslöst. Auf diese Weise sind das Agens und das Objekt heimlicherweise Verben. Ein Satz wie zum Beispiel »reading promotes writing« (das Lesen fördert das Schreiben) würde im Chinesischen durch drei volle Verben ausgedrückt. Eine solche Form ist drei ausgedehnten Sätzen gleichwertig und kann mit adjektivischen, partizipialen, infinitivischen, relativischen oder konditionalen Gliedern in die Länge gezogen werden. Eines von vielen möglichen Beispielen: Wenn einer liest, lehrt es ihn schreiben. Ein anderes ist: Einer, der liest, wird einer, der schreibt. Aber in der ersten, verdichteten Form würde ein Chinese schreiben: »read promote write« (lesen fördern schreiben). Die Herrschaft des Verbs und seine Kraft, alle anderen Wortarten auszulöschen, ist für uns das Vorbild zu einem prägnanten, feinen Stil.

Ich habe selten gesehen, dass unsere Rhetoriker sich bei der Tatsache aufhalten, dass die große Stärke unserer Sprache im prächtigen Aufgebot transitiver Verben, aus angelsächsischen und lateinischen Wurzeln gezogen, liegt. Sie geben uns die kräftigsten individuellen Charakterisierungen. Ihre Macht beruht auf ihrer Anerkennung der Natur als einer riesigen Schatzkammer von Kräften. Wir sagen im Englischen nicht, dass Dinge scheinen, oder erscheinen, oder endigen, oder sogar, dass sie sind; aber wir sagen, dass sie *tun.* Wille ist das Fundament unserer Sprache.[13] Wir ertappen den Demiurgen auf frischer Tat. Ich hatte selbst für mich zu entdecken, warum Shakespeares Englisch so unermesslich überlegen ist. Ich fand, dass der Grund im fortdauernden, natürlichen und prachtvollen Gebrauch Hunderter von transitiven Verben liegt. Selten wird man ein »ist« in seinen Sätzen finden. »Ist« eignet sich leichthin zur Anwendung in unserem Rhythmus, in den unbetonten Silben; trotzdem nimmt er streng Abstand von ihm. Ein Studium von Shakespeares Verben sollte allen unseren Stilübungen zugrunde gelegt werden.

Wir begegnen in der chinesischen Poesie einer Fülle von transitiven Verben, in gewissem Sinne mehr als in Shakespeares Englisch. Das beruht auf der Fähigkeit, mehrere bildliche Elemente in einem einzigen Schriftzeichen kombinieren zu können. Wir haben im Englischen kein Verb, um auszudrücken, was zwei Dinge, sagen wir Sonne und Mond, in ihrer Zusammensetzung tun. Präfixe und Affixe geben lediglich Richtung und Eigenschaft an. Im Chinesischen kann das Verb viel genauer bestimmt werden. Wir finden hundert Varianten, die sich unter einer einzigen Idee zusammendrängen. So kommt z. B. in »mit einem Boot segeln zum Zweck des Vergnügens« ein gänzlich anderes Verb zur Anwendung als in »segeln zu kommerziellen Zwecken«. Dutzende chinesischer Verben geben Dunklem und Schmerzlichem Ausdruck, aber in englischen Übersetzungen erscheinen sie normalerweise auf eine einzige Mittelmäßigkeit reduziert. Viele von ihnen lassen sich umschreiben, aber welches Recht hat der Übersetzer, Obertöne zu vernachlässigen? Es gibt subtile Schattierungen. Wir sollten unseren natürlichen Reichtum des Englischen in Anspruch nehmen.

Es stimmt, dass die Spuren bildlicher Hinweise vieler chinesischer Zeichen nicht zurückverfolgt werden können, und auch chinesische Lexikografen geben zu, dass Kombinationen häufig nur phonetischen Wert haben. Aber ich glaube nicht, dass irgendeiner dieser winzigen Ideenbestandteile je hätte existieren können als abstrakter Laut ohne konkrete Bildlichkeit. Das widerspricht dem Satz der Evolution. Komplexe Ideen entstehen nur allmählich und in dem Maße, wie die Kraft, sie zusammenzuhalten, wächst. Die wenigen chinesischen Laute hätten sie nicht zusammenhalten können. Auch ist es nicht denkbar, dass die ganze Liste auf einmal aufgestellt wurde, so wie kommerzielle Zahlenschlüssel zusammengetragen werden.

Und wenn fremde Wörter manchmal an chinesische Ideogramme in Verbindung mit entfernt ähnlicher Lautung erinnerten? Müssen wir deshalb glauben, dass die phonetische Theorie zu einem Großteil nicht stichhaltig ist? Die Metapher existierte einst in vielen Fällen, wohin wir sie jetzt nicht verfolgen können. Viele unserer eigenen Etymologien sind verlorengegangen. Es ist nutzlos, die Ignoranz der Han-Dynastie für Allwissenheit zu nehmen.[14] Es stimmt nicht, was Legge sagte, dass die originalen Schriftbilder nie sehr weit dazu gedient haben konnten, ein abstraktes Denken aufzubauen. Dies ist ein gefährlicher Fehler. Wir haben gesehen, dass unsere eigenen Sprachen alle durch bildliche Ableitung aus einigen wenigen Hunderten lebender phonetischer Verben entstanden sind. Ein gewaltigeres Gefüge konnte im Chinesischen durch metaphorische Kompositionen aufgebaut werden.

Es gibt keine noch so verdünnte Idee, auf welche es sich nicht lebendiger und anhaltender erstreckt hat oder deren Darstellung es mit seinen Mitteln hätte erreichen können, wie es uns mithilfe phonetischer Wurzeln nie möglich gewesen wäre. Eine solche bildliche Methode, ob sie das Chinesische selbst veranschaulicht oder nicht, würde die ideale Weltsprache sein.

Reicht das noch nicht aus, um zu zeigen, dass die chinesische Poesie zurückgeht zu den Prozessen der Natur mithilfe ihrer lebendigen Figur, ihres Reichtums an solchen Figuren? Wenn wir versuchen, ihr im Englischen nachzufolgen, müssen wir voll beladene Wörter verwenden, Wörter, deren vitale Anregungen eine Wechselwirkung ausüben sollen, wie sie in der Natur geschieht. Sätze müssen wie federgeschmückte Banner sein, mit sich vermischenden Fransen, oder wie die Farben vieler Blumen, die sich vermischen zu einem einzigen Wiesenglanz.

Der Dichter kann nie zu viel sehen oder zu viel fühlen. Seine Metaphern sind nur Wege der Befreiung vom toten weißen Mörtel der Kopula. Er löst ihre Gleichgültigkeit in tausend Farbtönen von Verben auf. Er gibt überschwemmten Dingen mit Strahlen verschiedenen Lichts einen bildlichen Ausdruck, gleich dem plötzlichen Aufleuchten von Brunnen. Die prähistorischen Dichter, welche die Sprache schufen, entdeckten das ganze harmonische Fachwerk der Natur. Sie sangen die Vorgänge laut in ihren Hymnen. Und diese von ihnen geschaffene verschwommen leuchtende Poesie verdichtete Shakespeare zu einer klareren Substanz. So ist in jeder Poesie ein Wort wie eine Sonne mit ihrem Strahlenkranz und ihrer Farbenschicht. Wörter drängen sich über Wörter und wickeln sich gegenseitig in ihre leuchtenden Hüllen ein, bis Sätze zu klaren, fortdauernden Leuchtbändern werden.

Nun sind wir in der Lage, die volle Pracht gewisser Züge des chinesischen Verses zu schätzen. Die Poesie übertrifft die Prosa vor allem darin, dass der Dichter jene Wörter wählt und zusammenstellt, deren Obertöne sich zu einer feinen und leuchtenden Harmonie vermischen. Alle Künste folgen demselben Gesetz; edle Harmonie beruht auf der zarten Balance von Obertönen. Die ganze Möglichkeit der Musik und die Theorie der Harmonie basieren auf den Obertönen. In diesem Sinne erscheint die Poesie als eine der schwierigeren Künste.

Wie sollen wir die metaphorischen Obertöne von Nachbarworten bestimmen? Wir können offenkundige Brüche wie gemischte Metaphern vermeiden. Wir können die Übereinstimmung oder Harmonie in ihrem höchsten Grad finden wie in Romeos Rede über der toten Julia.

Auch hier hat das chinesische Schriftzeichen seinen Vorteil, auch in einer einfachen Zeile. Zum Beispiel: Die Sonne erhebt sich im Osten.

Die Obertöne vibrieren im Auge. Der Reichtum an Schriftzeichenkompositionen ermöglicht die Wahl von Wörtern, in denen ein einziger dominierender Oberton jede Bedeutungsebene mit Farbe tönt. Das ist vielleicht die hervorragendste Eigenschaft chinesischer Dichtung. Betrachten wir einmal unsere Zeile.

日	昇	東
Sonne	aufgeht	(im) Osten

Die Sonne, die leuchtende, auf der einen Seite, auf der andern das Zeichen des Ostens, welches aus der in den Zweigen eines Baumes verstrickten Sonne besteht. Und im mittleren Zeichen, dem Verb »aufgehen«, sehen wir eine weitere Homologie; die Sonne ist über dem Horizont, aber außerdem gleicht der einzige senkrechte Strich dem wachsenden Stamm-Strich des Baum-Zeichens. Dies ist nicht mehr als ein Anfang, aber er weist den Weg zu einer Methode, zu einer Methode intelligenten Lesens.

Schluss-Anmerkung. E. P., 1935. Was immer einige von uns vor zwanzig Jahren von Fenollosa lernten, der ganze Westen befindet sich immer noch im Zustand krassen Unwissens über die chinesische Kunst der verbalen Tonfülle. Ich zweifle heute, ob sie geringer war als die griechische. Da unsere Dichter schlampig sind, unkundig der Musik, gehörlos, ist es nutzlos, die Professoren wegen ihrer Armseligkeit zu tadeln.

Tafel 1

月 耀 如 晴 雪

梅 花 似 照 晃

可 憐 金 鏡 轉

庭 上 玉 芳 馨

(Fenollosa hinterließ die Anmerkungen unvollendet; ich fahre damit fort in Unwissenheit und mithilfe von Vermutungen. Die ursprünglichen Bilder wurden zu einer gewissen Zeit in Quadratform gebracht. E. P.)

MOND	STRAHLEN	WIE
Sonnenscheibe mit den Mond- Hörnern	Hell + fliegende Federn. Oben rechts abgekürztes Bild von Flügeln; darunter Vogel = fliegen. Beide, F. und Morrison, merken an, dass es ein urzschwän- ziger Vogel ist	Frau Mund
PFLAUME	BLUMEN	GLEICHEN
gebogener Baum + weibliche Brust	Mann + Löffel unter Abkürzung für Pflanzen, wahrscheinlich tatsächliche Darstellung von Blüten. Blumen auf der Höhe von des Mannes Kopf. Zwei Formen von Schriftzeichen in F's zwei Exemplaren	Mann + versuchen = tut, was es kann gegen
KANN	BEWUNDERN	GOLD
Mund Haken ich vermute sogar Angelrute oder geschützte Ecke	(verliebt sein in) Feuer Herz + Mädchen + herabsteigend durch zwei	Gegenwärtige Form gleicht König und Edelstein; aber archaisch mögen es Waag und Schmelztie sein
GARTEN	HOCH DARÜBER	JUWEL
mischen + schreiten mitten im Hof		König und Pun Anmerkung: schlichter Mann Punkt = Hund

EIN	SCHNEE
nne + azur-blauer immel. immel möglicherweise elt-Idee. Autor ist einem ein« aus Sonne + Ginster sgewichen	Regen + Regen Wolkendach oder Tuch über fallenden Tropfen, treibende Bewegung von Schnee, ginsterhafte Erschei- nung von Schnee
ELL	STERNE
nne + Messer Mund Feuer	Sonne hell Hell hier zum Ursprung gehend: Feuer über sich bewegenden Männerbeinen
CHEIBE	DREHEN
frichten old + Sonne eine ennend)	Wagen + Wagen Zehntel von Elle (?) gebogener Knöchel oder gebogenes Objekt, sich um einen Zapfen drehend
NKRÄUTER	DUFTEND
flanzen ecke lesser . h. wachsende Dinge, ie zerstört werden üssen	bei Morrison bestimmt als Duft aus Entfernung. M. und F. scheinen verschiedener Ansicht über die Bedeutung von Sonne unter wachsendem Baum (Ursache des Duftes)

Anmerkung zu Tafel 1

Der Bestandteil »hell« im zweiten Ideogramm kann aufgelöst werden in: Feuer über einem (schreitenden) Mann. Das Bild ist reduziert zu »Licht und sich bewegenden Beinen«. Ich möchte sagen, dass es anfänglich den Sonnengott, der sich über dem Horizont bewegte, darstellte. Auf jeden Fall ist es der obere Teil des Feuer-Zeichens. Das trifft auch zu für das fünfte Ideogramm der 2. Zeile, wo die Beine deutlicher sind. Das Regen-Zeichen, das sich im Schnee-Zeichen zeigt, lässt an das Himmelsdach denken.

Das umfassende Fundament des letzten zusammengesetzten Zeichens (»duftend«) betrachtet Morrison rein als begrabene, verborgene Sonne.

Oben links beginnend, haben wir: den Gelehrten über etwas wie einem Leichnam (ein Zeichen, das ich nur in Zusammensetzungen finde: (?) ein verwundeter Leichnam). Dieses Paar allein bildet »eine vulgäre Form von Zeichen«, oder eine Abkürzung des vollumfänglichen Zeichens für »Stimme, Musiknoten, Ton, irgendein Geräusch«, auch eine Abkürzung für »Geräusch eines Schlages«. Rechts von ihm »Waffen wie Speere oder Dreschflegel«. Dieses Kompositum = Feind. Und im Ganzen, Sonne unter Baum unter Feind.

Paraphrase
Des Mondes Schnee fällt auf den Pflaumenbaum;
Seine Zweige sind voll leuchtender Sterne.
Wir bewundern die hell sich drehende Scheibe;
Der Garten dort hoch oben wirft seine Perlen auf unsere Unkräuter.

Verlust an Interaktion wird durch das Studium der Ideogramme sichtbar, ihre Zwischenbeziehung und die Wiederholung oder das Echo von Bestandteilen, nicht nur die verwendeten, sondern die angedeuteten oder vermiedenen.

Ein Gedicht vom Mondschein. Das Sonnenelement ist fünfmal enthalten: einmal in drei Linien und zweimal in der zweiten.

Solange man die ungeheure Antithese zwischen der ersten und der letzten Zeile nicht bemerkt hat, hat man das Gedicht nicht verstanden: vom ersten Schriftzeichen links oben bis zum letzten rechts unten, zur großen Bestätigung, Sonne unter Baum unter Feinden.

Die Ideogramme Zeile 1 Nr. 2, Zeile 2 Nr. 2 und Zeile 4 Nr. 5 – fast jedes zweite Zeichen – sind solche Kompendien, die uns klarmachen sollten, welche Wertschätzung Höflinge für einzelne Schriftzeichen, geschrieben von der alten Kaiserinwitwe, nach uralter Sitte, hegten. Zeile 3 Nr. 2 war von Fenollosa zuerst übersetzt worden mit »bewundern«, dann umgewandelt in »Liebe«.

Ich bin auf »bewundern« zurückgekommen wegen des lateinischen »admiror« und um Morrisons »Werkzeug der Reflexion« aufzunehmen, obgleich ich mir nicht vorstellen kann, dass damit viele Leser erreicht werden.

Wenn man die visuelle Bedeutung begriffen hat, hat man noch nicht alles erfasst. Es bleibt noch die andere Dimension. Wir bleiben tierisch unwissend über chinesische Poesie, solange wir darauf bestehen, ihre kurzen Wörter zu lesen und *auszusprechen* anstatt uns die Zeit zu nehmen, sie zu singen unter Beobachtung der Aufeinanderfolge der Vokale.

Wenn der chinesische »Laut« ein verbotener Bereich ist, ein unbegreifliches Geheimnis, so existieren jedoch die Vokal-Führungen für jeden, der hören kann.

Wenn unsere Universitäten auch nur ein bisschen Pferdemist wert gewesen wären, hätte man etwas getan im letzten Vierteljahrhundert, um Fenollosas Werk weiterzuführen. Millionen wurden ausgegeben für lächerliche Erziehung. Es gibt keinen Grund außer dem Wucher und dem Hass der Literatur, um nicht wenigstens einige hundert Gedichte und das Ta Hio aus zweisprachigen Editionen – zweisprachig in der Weise des von mir hier vorgestellten Vierzeilers – auszuschließen. Die Infamie des gegenwärtigen Geldsystems erschöpft sich nicht mit der Unterernährung der Massen, sie erstreckt sich auch noch weiter aufwärts bis in jede Ritze intellektuellen Lebens, selbst dorthin, wo Feiglinge sich am sichersten fühlen, obgleich Menschen niedriger Lebenskraft überzeugt sind, dass Stumpfsinn nie töten könne.

Der Stand des Chinesischstudiums im Westen ist abstoßend armselig, und muss man Frobenius in seiner eigenen Sprache lesen? Englische und amerikanische Professoren sind Maulwürfe.

Konfuzius' Feststellung »der Charakter eines Menschen ist sichtbar in jedem Pinselstrich« lässt die große Bedeutung ermessen, welche die Chinesen der Kalligrafie zuerkennen. Man muss bedenken, dass ein schlecht ausgeführtes Ideogramm seinen Bildsinn nicht mitteilt. Wenn der Schreiber die Bedeutung der Elemente nicht kennt, sickert seine Unwissenheit durch jeden Tintenpunkt.

Tafel 2

舟	伙	石
洀	洄	男
舳	灰	古
託	旦	伏
夆	担	東
峰	王	春

Anmerkung zu Tafel 2

Spalte 1

1. Ein Boot (? Flachboot), wahrscheinlich Leute, die Boot fahren.
2. Wasser neben Boot = Kräuselung.
3. Boot +, ich glaube, das eigentliche Zeichen für Ruder. Morrison sieht dieses zweite Element als Entwicklung des Feld-Zeichens, etwas, das dem Feld benachbart ist oder aus ihm hervorkommt.

(Das Feld gedacht als Darstellung von ordentlich gereihtem Getreide.) Entsprechend dem ursprünglichen Zeichen: der Schuss, der aus dem Feld kommt, wäre die Idee der Ursache enthalten. Das Element bedeutet »durch«, »von«; das ganze Zeichen = Ruder.

4. Rede + Gras, das mit Schwierigkeiten kämpfend wächst (d. h. verdrehte Wurzel und darüber Hindernis) = ein Sprechen in verwirrter Art und Weise.

5. Folgen, über verzweigte Hörner (bedeutet zusammen: kämpfen wie zwei Stiere), darüber ein Berg = Hügelspitze, die steil aufsteigt zum Himmel und in einem Punkt endet.

6. Morrison sieht ein Ideogramm mit dem Bergzeichen, das ein bisschen tiefer unten liegt, und meint, es sei dasselbe wie im vorhergehenden, möglicherweise jedoch ohne die Spitze. Fenollosa sieht in diesem Ideogramm den Berg in widerstreitender Position zum Himmel als = eine Spitze, die mit dem Himmel zusammenstößt.

Spalte 2

1. Mann + Feuer = Tischgenosse.

2. Wasser + Drehung innerhalb eines Kreises = Wirbel.

3. Hand + Feuer = Feuer, das in die Hand genommen werden kann = Schlacke, Asche.

4. Sonne über Horizontlinie = Morgendämmerung.

5. Erde (das Zeichen ist nicht gut geschrieben – der Strich links unten sollte am Boden sein) + das vorhergehende Zeichen = ebene Fläche, weiter Horizont.

6. Einer, der drei Ebenen verbindet: Himmel, Erde und Menschen = der Herrscher, regieren.

Spalte 3

1. Ein Klumpen unter einem Felsen (im ursprünglichen Zeichen war der Klumpen weiter weg) = ein losgelöster Stein.

2. Reisfeld über Anstrengung = Mann.

3. Zehn über Mund = alt, was durch Generationen heruntergekommen ist, zehn Münder der Tradition.

4. Mann + Hund (Punkt neben dem Mann) = Hund, der zu Füßen des Mannes liegt oder neben ihm kriecht; daher: sich niederlegen.

5. Aufgehende Sonne, durch Baumgeäst scheinend – der Osten.

6. Frühling, Ausgelassenheit, Mutwille. Sieht aus wie Sonne unter Mann und Baum, aber die frühen Formen zeigen alle eine Sonne unter wachsenden Zweigen, verschwenderischen Zweigen und Gras.

Tafel 3

去 法 盍 闔	信
Abschnitt 1	Abschnitt 2

Anmerkung zu Tafel 3

Man vergleiche diese letzten Erfindungen mit den 22 Seiten Doppelspalten von Morrison, die dem Pferd gewidmet sind.

Selbst-Auslöschung, das Böse weglegen, Erde über einem selbst (gekrümmter Ellbogen [?]).

Wasser + das vorhergehende, Wasserspiegel, universaler Gebrauch, Gesetz (Buddhistische Bezeichnung).

Selbst-Auslöschung über Opferschüssel = viele Personen, die sich heftig miteinander vereinigen = sich vereinigen.

Dasselbe mit geschlossenen Türen = Familie.

Abschnitt 2
Mann und Wort, Mann, der zu seinem Wort steht, der Mann seines Wortes, Wahrheit, Ehrlichkeit, unerschütterlich.

Das Wort-Zeichen hat seine Grundlegung vermutlich von einer Kombination von Zunge und darüber: Mund mit daraus hervortretender Zunge.

Tafel 4

厶　主　凡

言　出　八

支　乇　丨

Anmerkung zu Tafel 4

Spalte 1
Selbst, gekrümmt. Die alte Form ist schlingenförmig, aber die jetzt gebräuchliche Form lässt an einen gebogenen Ellbogen denken. Die Idee des riesigen Bizeps ist vertraut aus dem Abzeichen von Armstrong and Strongi'th'arm. Der Gebrauch dieses Zeichens zur Betonung ist gewiss nicht abwegig im Zusammenhang mit der gemachten Andeutung, die auf alle Fälle als Gedächtnisstütze dienen kann.

Mund mit »daraus hervortretenden zwei Wörtern und einer Flamme« (nach Fenollosa) = sprechen, Wörter.

Zweig, Radikal.

Spalte 2
Flamme mitten in einer Lampe, bedeutet übertragen Gebieter, Meister, regieren. (?) Morrisons Form ist davon wenig verschieden, wachsende Pflanze, jedoch nicht losgelöst von der Erde; der Radikal ist jetzt der Keim.

Pflanze mit verdrehter Wurzel = wachsen mit Schwierigkeiten; man beachte auch das Hindernis oben links.

Spalte 3

Tisch, Bank oder Hocker mit Punkt = jeder, allgemein, gewöhnlich. Ich nehme an »irgendein altes Ding«, das man unter den Tisch wirft. Geteilt sein.

Beginnen, als eins erscheinen. Die Bedeutung dieser beiden rudimentären Zeichen, wie sie Fenollosa sieht, ist äußerst wichtig.

Der Student, der die einfachen Radikale oder Grundzeichen schnell erledigt, wird viel Zeit verlieren. Er wird auch größere Schwierigkeiten haben, wenn es um die Erinnerung an die Kombinationen solcher Grundzeichen, welche als Radikale, d. h. Schlüsselzeichen im Wörterbuch stehen, geht.

Tafel 5

德 人 無 累

大 鈞 播 物

Anmerkung zu Tafel 5

Obere Zeile

1. Tugend oder Kunstgegenstand, abschreiten (zwei Männer oder ein Mann an zwei Orten; oder aus der Nähe und aus kurzer Distanz gesehen) + Herz unter Opferschüssel unter zehn.

2. Mann (Radikal).

3. Nicht besitzend. Morrison sagt: »Etymologie nicht klar. Es ist ziemlich sicher Feuer unter etwas, das aussieht wie ein Zaun, aber das ursprüngliche Zeichen sieht nicht aus wie Feuer, sondern wie ›Vogel‹. Aus freiem Erwägen würde ich sagen, dass das ursprüngliche Zeichen aussieht wie ›das Vöglein f log aus‹ (aus dem Gezweig).« Fenollosa nennt es »verloren im Wald«.

4. Dieses Zeichen ist deutlich ein Feld oder ein Seidenfaden (obgleich ich es bei Morrison nicht finden kann), was darauf hinweisen soll, dass die Quelle der menschlichen Existenz sich ganz nahe beim Nichts in der Schwebe hält. Morrison deutet Seide neben Feld = geringfügig, unbedeutend, abgeschwächt, fein.

Zweite Zeile

1. Groß (Mann mit weiten Armen).

2. Gold + gleichmäßig gemischt. (Das Goldzeichen = auch Metall, von da das Metall.) (Morrison nennt dafür »Keun«, ein ähnliches, aber

nicht identisches Zeichen, das bedeutet: Gewicht von 90 catties. Seine Punkte sind ein wenig verschieden.)
3. Ein Maß + trennen (Radikal 165, Klauen) über Feld.
4. Ein Maß + Banner (Versammlungsbanner).

Ich habe die 3 letzten Zeichen bei Morrison nicht vorgefunden, aber man kann ihren Sinn von den in ihnen enthaltenen Radikalen erraten, und zwar wie folgt: Tugend, der nicht besitzende Mann = ein Mann ohne Tugend; seine ganze Grundlage (die Quelle seiner Existenz und seines Handelns) balanciert auf einem schwachen Seidenfaden; der ganze, unversehrte Mann hat die gleichmäßige Mischung der Metalle (zu seiner Verfügung) und das erfahrene Maß beim Teilen und Zusammenfügen. Er weiß, wie und wann ein Feld gerecht zu teilen und wann (und in welchem Grad) zu vereinigen ist (Menschen versammeln und zu einer Aktion konzentrieren).

Editorische Bemerkung

Als ich mich entschloss, den Essay von Fenollosa, in der von Ezra Pound überlieferten Form, zu übertragen und zum ersten Mal in deutscher Fassung bekanntzumachen, geschah es gegen den Rat mir gut gesinnter Sinologen. Der Rat galt, wie ich weiß, nicht mir, dem Amateur-Sinologen, und wurde nicht wegen der Schwierigkeiten geäußert, die einem solchen beim Eintreten auf die Materie entstehen konnten, sondern er entstammte offensichtlich der geringen Einschätzung, welche diesen Essay seit seiner ersten Publikation im Jahr 1920 in London, in *Instigations*, zu begleiten scheint. Nicht das Wenigste, was ihm schon vorgeworfen wurde, ist Anstiftung zur Konfusion. Ein solcher Vorwurf, der in der Sinologie vielleicht auch noch leichter zu erheben ist als auf anderen Wissensgebieten, trifft den Philologen Fenollosa, nicht aber den Anreger und Fährtensucher, dessen Appell zu mehr und zu neuem Verständnis des chinesischen Denkens begreiflicherweise kontrastiert zur vornehmen Tiefgründigkeit großer sinologischer Fachwerke.

Was für die Berücksichtigung dieser Schrift spricht, deren Entstehungsjahr, 1907 oder 1908, immerhin zu einem Vergleich mit dem damaligen Stand der Chinakunde auffordert, ist einerseits der immer noch aktuelle Unverstand und die Trägheit gegenüber dem chinesischen Denken, gepaart mit einer nur selbstverständlichen Überheblichkeit, die hier und anderswo bei »Gebildeten«, auch bei Schriftstellern und Ästhetikern, anzutreffen ist. Andererseits, ebenso aktuell, ist der Essay als Beitrag zur allmählichen Bildung eines übernationalen Sprachverständnisses auf visueller Grundlage zu sehen. In dieser Beziehung dürfte er, wenn auch weniger erkannt, die gleiche Rolle spielen in der Entwicklung, die zur konkreten Poesie führte, wie die gleichzeitig verfasste Schrift von Wilhelm Worringer *Abstraktion und Einfühlung* in der Entwicklung der Malerei. So wird man Sinn und Zweck dieser Arbeit gerade dann am besten erfassen, wenn man sich, schlicht ihren Titel vor Augen, in ihr herum bewegt und sich angeregt aus ihr heraus begibt. Vielen visuellen Dichtern und Gestaltern, die sich ihre Annäherung an die konkrete Poesie zu leicht machen, wird damit deren wahre Begründung vor Augen geführt. Jeder Lesende aber dürfte vom umfassenden Poesiedenken, dem wir entgegengehen, berührt werden.

Eugen Gomringer, 1972

Anmerkungen

1 Die Entschuldigung war unnötig, aber Professor Fenollosa sah sie als passend an, weshalb ich seine Worte übernehme. E. P.

2 Stil, das heißt Klarheit als Gegensatz zur Rhetorik. E. P.

3 Die schlagende Axt; Hund einen Mann begleitend = Hund beim Mann. Siehe Tafel 2, Spalte 3.

4 Selbst das Latein, das lebende Latein, kannte nicht das Netzwerk von Regeln, das man unglücklichen Schulkindern aufschwätzt. Diese Regeln sind manchmal ausgeliehen von griechischen Grammatikern, genauso wie ich in englischen Grammatiken gesehen habe, dass abhängige Fälle aus lateinischen Grammatiken entliehen wurden. Manchmal entsprangen sie der grammatischen oder kategorisierenden Leidenschaft von Pedanten. Das lebende Latein hatte nur ein Gefühl für die Fälle: Für die Ablativ- und Dativ-Emotion. E. P.

5 Der Übersetzer hat sich erlaubt, im Unterschied zu den Beispielen Fenollosas für Verb, Adjektiv und Substantiv Wörter mit einem gemeinsamen Stamm zu wählen. Dazu bitte die nächste Fußnote von E. P. vergleichen. E. G.

6 Ein guter Schriftsteller würde »shine« (d. h. to shine), »shining« und »the shine« oder »sheen« (Glanz) gebrauchen, möglicherweise an das deutsche »Schöne« und »Schönheit« denkend; aber

das entwertet die Behauptung von Professor Fenollosa nicht. E. P. – Bitte dazu die vorherige Fußnote des Übersetzers vergleichen. E. G.

7 Dies ist ein schlechtes Beispiel: Wir können sagen »I look a fool« - ich gleiche einem Narren, »look«, transitiv, bedeutet jetzt »gleichen«. Der Kern der Behauptung ist jedoch richtig. Wir tendieren zum Ersetzen eigentümlicher Wörter wie »resemble« (gleichen) durch verschwommene Verben mit richtungweisenden Präpositionen oder Anhängseln. E. P.

8 ... das Prinzip der ersten Erscheinung, »Geist der Romantik«. E. P.

9 Vergleiche die Poetik Aristoteles': »Schnelles Wahrnehmungsvermögen von Beziehungen, Stempel des Genies.« E. P.

10 Siehe auch den Artikel über »Vorticism« in der *Fortnightly Review* vom September 1914. »The Language of Exploration« jetzt in meinem »Gaudier-Brzeska«. E. P. (Henri Gaudier-Brzeska, 1891–1915, Mitbegründer des »Vortizismus«. E. G.)

11 Ich möchte mit aller Ergebenheit bemerken, dass dies zutrifft in der Wiedergabe alter Texte. Der Dichter, der sich mit der eigenen Zeit befasst, muss auch darauf achten, dass die Sprache in seiner Hand nicht versteinert. Er muss neue Fortschritte vorbereiten, und zwar in der Richtung der wahren, d. h. der interpretativen Metapher oder des Bildes, welche diametral entgegengesetzt der unwahren oder ornamentalen Metapher sind. E. P.

12 Dieses Beispiel könnte ins Deutsche übersetzt werden mit »Lesen fördert Schreiben«, wodurch sich, in diesem Fall, die deutsche Form der chinesischen mehr nähert als die englische. E. G.

13 Vergleiche Dantes Definition von »rectitudo« als Richtung des Willens.

14 Professor Fenollosa wird durch Zufallsbeweis bestätigt. Gaudier-Brzeska saß in meinem Zimmer, bevor er wegging in den Krieg. Er konnte die chinesischen Radikale und viele zusammengesetzte Zeichen sozusagen aus Vergnügen lesen. Er war gewohnt, Leben und Natur in Flächenbegriffen und Grenzlinien zu betrachten. Nichtsdestoweniger hatte er nur vierzehn Tage im Museum mit dem Studium chinesischer Schriftzeichen verbracht. Er war höchst erstaunt über die Dummheit der Lexikografen, die bei all ihrer Gelehrsamkeit nicht im Stande waren, die Bildwerte, die für ihn vollkommen offensichtlich und augenfällig waren, zu erkennen. Einige Wochen später saß hier Edmond Dulac, der von einer total verschiedenen Tradition herkommt, und hielt aus dem Stegreif eine Lobrede über die Elemente chinesischer Kunst, über die aus den Schriftzeichen gewonnenen Kompositionseinheiten. Er gebrauchte nicht Professor Fenollosas Worte – er sagte »Bambus« statt »Reis«. Er sagte, das Wesen des Bambus sei die gewisse Art, in der er wachse; sie haben das in ihren Zeichen für Bambus, alle Zeichnungen von Bambus gehen davon aus. Dann fuhr er fort, indem er den Vortizismus ziemlich herabsetzte, mit der Begründung, dass er nicht hoffen könne, das zu tun für den Westen, im Laufe eines Lebens, was Jahrhunderte der Entwicklung erforderte in China. E. P.

Nachwort

Ernest Fenollosa (1853–1908) war ein weltweit bekannter Japanologe, der sich große Verdienste für die Erhaltung der Kunst Japans erwarb. Vielleicht noch größeren Ruhm erlangte er kurz nach seinem Tod durch seinen von Ezra Pound publizierten Artikel über das chinesische Schriftzeichen.

Mit Fenollosa habe ich mich vor vielen Jahren in meiner Dissertation beschäftigt. (M. Motsch, *Ezra Pound und China*, 1976), und dies motivierte mich dazu, mich fortan ganz der Sinologie zu widmen. Nun ist es mir eine Freude, noch einmal, aus einer anderen Perspektive, auf diese Anfänge zurückzublicken.

Geboren in Amerika als Sohn eines spanischen Pianisten, studierte er Philosophie und Soziologie an der Harvard University, danach Kunstwissenschaft am Boston Museum of Fine Arts. 25-jährig wurde er nach Japan eingeladen und unterrichtete Wirtschaft und Philosophie an der Tokyo University.

In Japan knüpfte er intensive Kontakte zu japanischen Mönchen, konvertierte zum Buddhismus und wurde als Mönch in ein japanisches Kloster aufgenommen. Er begeisterte sich für die antike japanische Kunst und beteiligte sich an der Gründung der Tokyo School of Fine Arts und des Tokyo Imperial Museum, dessen Direktor er wurde. Dadurch kam er in Berührung mit antiken chinesischen Schriftrollen, die chinesische Mönche während der Tang-Dynastie nach Japan gebracht hatten. Die dort aufgezeichneten Gedichte inspirierten ihn zu seinem Artikel über das chinesische Schriftzeichen.

Mit 37 Jahren kehrte Fenollosa 1890 hochgeehrt zurück in die USA. Er wurde Direktor des Boston Museum of Fine Arts, in dem seine umfangreiche Sammlung japanischer Kunstwerke Platz fand. Fünf Jahre später verlor er diese Stellung durch einen Skandal: Grund war, dass er sich von seiner Ehefrau trennte und unmittelbar darauf die Schriftstellerin Mary McNeill Scott (1865–1954) heiratete. Danach lebte und lehrte er abwechselnd in Japan, USA und London, wo er 1908 starb. Seine Asche wurde nach Japan gebracht und in dem buddhistischen Kloster beigesetzt, das ihn zum Mönch geweiht hatte.

Im Jahr 1913, fünf Jahre nach Fenollosas Tod, traf seine Witwe auf einer Londoner Künstlerparty den damals 28-jährigen amerikanischen Schriftsteller Ezra Pound. Sie war von seiner Kunst und seiner Persönlichkeit so fasziniert, dass sie ihm den Nachlass ihres Mannes übergab, in dem sich zwischen Notizen zu chinesischen Gedichten und japanischen No Spielen auch ein Aufsatz über das chinesische Schriftzeichen fand. Diese kurze Abhandlung wurde für E. P. zum Sprungbrett zu neuen künstlerischen Ausdrucksmöglichkeiten.

Gleich zu Anfang erklärte Fenollosa, warum er, obwohl kein Sinologe, diesen Artikel schrieb: Es war die westliche Geringschätzung der chinesischen und asiatischen Kultur, die ihn störte. Tatsächlich betrachteten damals viele Westler China als ein Land ewigen Stillstands, eine leichte Beute für westliche Eroberer und Kolonisatoren. Auch unter berühmten Sinologen war die Meinung verbreitet, China besitze keine Philosophie, keine Literatur, keine Poesie, die man zur Weltliteratur zählen könne. Fenollosa war hingegen davon überzeugt, dass die chinesische Kultur der westlichen durchaus ebenbürtig, teilweise sogar überlegen und sogar geeignet sei, die westliche anzuregen und zu befruchten.

In früheren Jahrhunderten hatte man in Europa ein weit positiveres Bild von China gehabt. Im 17. Jahrhundert waren jesuitische Missionare nach China gekommen, als erster der berühmte Matteo Ricci (1552–1610). Die Jesuiten studierten die chinesischen Klassiker und verkehrten am kaiserlichen Hof. Durch ihre Reiseberichte entstand in Europa eine ungeheure Chinabegeisterung. Man umgab sich mit chinesischer Kunst und übersetzte Konfuzius ins Französische. Die Philosophen der Aufklärung, insbesondere Voltaire, erkannten in Konfuzius einen Vorläufer.

Doch bald schlug die Begeisterung ins Gegenteil um. Als 1773 der Jesuitenorden vom Papst aufgelöst wurde, versiegte die so reich geflossene Quelle positiver China-Berichte. Die westlichen Missionare, Militärs und Kaufleute, die im 19. Jahrhundert nach China kamen, sahen nicht mehr wie die Jesuiten ein Volk mit einer aufgeklärten humanen Kultur, das Europa zum Vorbild dienen konnte. Für sie war China dunkles Heidenland, dem man das Licht der christlichen Religion bringen wollte, oder vielversprechende Kolonien, deren Schätze man nach Belieben ausbeuten konnte. Die Jahrtausende alte chinesische Kultur, Philosophie und Literatur hielt man für trivial und der westlichen weit unterlegen. Als Beweis für deren geringen Wert galt die chinesische Schrift, die man abfällig »Hieroglyphen« nannte. Denn wie könne man wohl mit einer simplen »Bilderschrift« tiefe Gedanken und Gefühle ausdrücken?

Nicht zu unrecht führt Fenollosa dieses Vorurteil auf sprachliche Defizite der damaligen Sinologen und deren mangelnde musische Begabung zurück. Er dagegen versucht zu beweisen, dass chinesische Schriftzeichen durchaus in der

Lage sind, tiefe Gedanken und Gefühle auszudrücken und dass sie dies sogar besser können als die westliche phonetische Schrift. Fenollosa stellt sich die Frage: Wie kann die in chinesischen Zeichen geschriebene Lyrik die englische anregen, und worin ist sie ihr überlegen?

Fenollosa empfindet ein tiefes Missvergnügen über das moderne Englisch, das seiner Ansicht dazu neigt, die Wörter auf eine einzige, statische Bedeutung festzulegen, sodass der Abgrund der Wort und lebendiges Ding trennt, immer größer wird: »Die heutigen Sprachen sind dünn und kalt [...] Die Natur scheint weniger ein Paradies als mehr und mehr eine Fabrik geworden zu sein.« (S. 43 f.) In den chinesischen Schriftzeichen findet Fenollosa demgegenüber eine dynamische, komplexe Beschreibung der Dinge bewahrt. In dem in Zeichen geschriebenen Satz 人見馬 »Mann – sieht – Pferd« erkennt man nach Fenollosa zuerst einen Mann auf seinen zwei Beinen, dann ein Auge, das auf zwei Beinen durch den Raum läuft, und schließlich ein Pferd auf seinen vier Beinen. Dadurch sei der Satz nicht eine sterile Abstraktion, sondern eine in Zeit und Raum sich bewegende Filmszene.

Aber, so fragt Fenollosa weiter, könne man mit dieser »Bilderschrift« auch komplexe Gefühle ausdrücken? Zum Beweis führt er chinesische Schriftzeichen an, in denen mehrere Bilder im

Zusammenhang einen neuen Sinn ergeben: Zum Beispiel entsteht aus den Schriftzeichen 日 + 月 (Sonne + Mond) die neue Bedeutung 明 (hell, strahlend). Aus 人 + 言 (Mensch + Wort) wird 信 (Treue, ein Mann ein Wort), aus 日 + 木 (Sonne + Baum) entsteht 東 (Osten, Sonne zwischen Baumzweigen). Nach Fenollosa korrespondieren die chinesischen Schriftzeichen durch ihre Bildkraft, Dynamik und ihren Beziehungsreichtum viel stärker als die westliche Lautschrift mit der sichtbaren und greifbaren Welt.

Danach unternimmt Fenollosa einen originellen Exkurs in die Sprachtheorie: Lebendige Sätze müssten mit lebendigen Prozessen übereinstimmen. So sei ein absolut zuende gedachter, vollständiger Satz unmöglich, da der Mann vielleicht weitergeht, das Pferd nach hinten ausschlägt und die Zeit unaufhaltsam weiter läuft. Darum müsse Sprache dynamisch und vieldeutig sein. Fenollosa definiert einen Satz nicht als die Übermittlung eines vollständigen Gedankens, sondern als eine Übertragung von Energie, als »Blitz zwischen Wolke und Erde«.

Die Ursache des Sprachverfalls sieht Fenollosa im westlichen logischen Denken, das aus lebendigen Dingen lange Ketten von immer dünneren und blasseren Abstraktionen herausdestilliert habe. So könne man aus »Kirsche« durch immer weitere Ableitungen die Farbe »Rot« abstrahieren. Fenollosa findet drei Schwächen in dieser Methode: Erstens könne sie niemals zwei logisch nicht zusammengehörende Begriffe vereinen. Zweitens könne sie keine Veränderungen darstellen. Drittens, und das sei das Schlimmste, sei sie unfähig, die Dinge in ihrer Komplexität zu erfassen, und komme deshalb zu unwahren, einseitigen Ergebnissen und zu einer Zersplitterung. Fenollosa ist der Ansicht, dass eine Überbetonung von Grammatik und Logik den westlichen Sprachen ihre Vitalität genommen habe. Er sieht im chinesischen Schriftzeichen ein Vorbild, an dem sich westliche Länder orientieren könnten. So könne man die Farbe »Rot« viel besser definieren durch die konkreten Begriffe »Kirsche, Rose, Sonnenuntergang, Eisenrost, Flamingo«, wie dies bei den chinesischen Schriftzeichen geschehe. Fenollosa nennt diese Methode sowohl poetisch wie auch naturwissenschaftlich. So nähert er Lyrik und Naturwissenschaften einander an. Fenollosa stimmt hier mit Bacon überein: »Logica est inutilis ad inventionem scientiarum«.

Es folgen Gedichtbeispiele und Tabellen von chinesischen Schriftzeichen, mit denen Fenollosa seine Thesen untermauern wollte, die aber unvollendet blieben. E. P. hat sie ergänzt, nach eigener Aussage »ohne Chinesischkenntnisse und nur mit Hilfe von Vermutungen«. Am Anfang steht ein klassisches Gedicht, das allerdings nicht von einem chinesischen Dichter stammt, wie Ezra Pound und wohl auch Fenollosa vermuteten. Es ist zwar im klassischen chinesischen Stil geschrieben, stammt jedoch von dem japanischen Dichter Sugawarano no Michizane 菅原道真 (845–903).

In seinen tabellarischen Analysen von Schriftzeichen hat E. P. mit Hilfe des Lexikons von Morrison *Dictionary of the Chinese Language* (1815–1823) kühn jedes einzelne Schriftzeichen in seine piktographischen Elemente zerlegt. Die Etymologien sind großenteils nicht haltbar, dafür aber ausgesprochen fantasievoll, z. B. wenn das Schriftzeichen »Glanz« 耀 zerlegt wird in die Bestandteile 光 – 羽 – 隹 (hell – Federn – Vogel), danach das Zeichen 光 (hell) erneut zerlegt und gedeutet wird als »Licht und sich bewegende Beine«, wobei E. P. vermutet, dass es anfänglich den »Sonnengott« am Horizont darstellte.

E. P. empfing von Fenollosa entscheidende Impulse, aber unterscheidet sich auch von ihm. Während es Fenollosa z. B. für die Aufgabe der Dichter hält, »den alten Entwicklungslinien« nachzuspüren, betont Ezra Pound in einer kritischen Anmerkung »in aller Ergebenheit«, ein Dichter müsse »neue Fortschritte« wagen.[1] Tatsächlich hat E. P. Fenollosas Forderungen nicht Wort für Wort erfüllt, wie man aufgrund seiner begeisterten Äußerungen schließen könnte.

Besonders die etwas simplen praktischen Vorschläge zur poetischen Technik hat E. P. nie ernst genommen. Da für Fenollosa der transitive Satz Ursprung und Klimax jeder Aussage ist, weil er Vorgänge in der Natur widerspiegelt, so verlangt er kategorisch, in der Poesie möglichst nur einfache Sätze mit transitiven Verben zu bilden im Stil von Mann – sieht – Pferd. Alle nicht unbedingt notwendigen und besonders das englische Hilfsverb »is« sind am besten zu streichen, da sie nur schwächliche Verkümmerungen des kraftvollen transitiven Verbs seien. Bei E. P. sind schon in *Cathay*, seiner Übertragung chinesischer Gedichte, Verben häufig weggelassen und elliptische Sätze keine Seltenheit. Auch das von Fenollosa bemängelte »is« findet sich oft bei E. P. ebenso wie eine große Zahl abstrakter Begriffe.

Fenollosa bestärkte E. P. in seiner Abneigung gegen sterile Abstraktionen und in seiner Vorliebe für das dynamische Bild. Dies entsprach genau den Grundsätzen des imagistischen Kreises, dem E. P. seit 1912 angehörte. Nachdem er sich von den Imagisten getrennt hatte, entwickelte er seine berühmte »ideogrammatische Methode«. Sie wird häufig mit der Zerlegung der chinesischen Ideogramme in ihre Bildkomponenten gleichgesetzt, doch ist das nur ein kleiner unwichtiger Teilaspekt einer langen, sprunghaften und weitreichenden Entwicklung.

Anfangs ist die »ideogrammatische Methode« eine poetische Technik, die dynamische »Relationen« setzt. Nicht das Bild oder eine Folge von Bildern ist das Entscheidende, sondern die Beziehungen der Bilder zueinander implizieren erst die eigentliche dichterische Aussage – wie z. B die Bilder Kirsche – Eisenstaub – Flamingo die Farbe Rot evozieren.

Kritik von Sinologen blieb nicht aus, und das mitunter zu recht. Tatsächlich gibt es kein chinesisches Schriftzeichen für die Farbe »Rot« aus den genannten Elementen. Auch bilden die Ideogramme, die Fenollosa und Ezra Pound so faszinierten, nur einen sehr geringen Prozentsatz der chinesischen Schriftzeichen. Nach dem frühesten chinesischen Lexikon *Shuowen jiezi* 說文解字 (2. Jahrhundert) gibt es »Sechs Kategorien« (*liushu*六書) zur Bildung chinesischer Zeichen:

1. **Piktogramme:** Bildzeichen, die im Laufe der Jahrhunderte immer weiter stilisiert wurden, wie 日 Sonne, 月 Mond (3%)
2. **Einfache Ideogramme** wie 一 Eins, 二 Zwei, 三 Drei (1%)
3. **Zusammengesetzte Ideogramme** wie 明 (hell), zusammengesetzt aus 日 + 月 (Sonne + Mond), 信 (Treue) aus 人 + 言 (Mensch + Wort) (3%)
4. **Phonogramme**, d. h. eine Kombination von einem Radikal, dem Sinnträger und dem Lautträger (93%) Zum Beispiel ist 媽 *ma* (Mutter)

zusammengesetzt aus dem Radikal 女 (Frau) + Laut *ma* 馬 (ursprüngliche Bedeutung »Pferd«, Aussprache *ma*)

5 und 6: Wenige Entlehnungen und Synonyme

Die von Fenollosa und E. P. so geschätzten Gruppen 1–3 der Piktogramme und Ideogramme machen nur einen verschwindend geringen Teil aus. Der weitaus größte Teil der chinesischen Schriftzeichen sind die Phonogramme der Gruppe 4, also eine Kombination aus einem Sinnträger, dem sogenannten Radikal und einem phonetischem Teil.

Doch knüpft Fenollosa mit seinen Ideen an die Uranfänge der Schrift an, als die Ideogramme als Bilder erfunden und auch als solche verstanden wurden. Auch hat das chinesische Schriftzeichen einen gewissen magischen Zauber bewahrt. Beispiele sind die Zeichen 福 (Glück) und 壽 (Langes Leben), die man auch heute als Talismane auf alle möglichen Gegenstände wie Teller, Kleidungsstücke und Wohnungstüren malt. Es ist ein Zauber, als Schrift noch Beschwörung war – ein Bann, der auf ein Tier oder eine Pflanze gelegt wurde, indem man ein Bild malte. Auch spielt die bildliche Zusammensetzung der chinesischen Schriftzeichen bis heute eine große Rolle, wie die vielen Schriftzeichenrätsel und Witze zeigen. Hier muss ein Schriftzeichen anhand verschlüsselt geschilderter Bildelemente erraten werden, genau wie dies E. P. tat.

Tatsächlich handelt es sich bei Fenollosas und E. P.s etymologisch wenig überzeugenden Zeichenanalysen wohl weniger um »Fehler« als um kreative Missverständnisse. Der bekannte Pound-Forscher Hugh Kenner hat dazu bemerkt:

»Any sinologue is entitled to protest that this is like finding iron in irony. But Picasso by analogous process found a baboon's head in the shape of a toy car.«[2]

Den besten Beweis für die Richtigkeit dieser These lieferte E. P. selbst mit *Cathay* (1915), einer Übertragung klassischer chinesischer Gedichte, die ebenfalls aus den Fenollosa Notizen hervorging. Anders als der Fenollosa Artikel wurde *Cathay* nicht angegriffen und abgelehnt, sondern weithin begeistert gefeiert – wenn nicht als wortgetreue Übersetzung, so doch als selbständige Dichtung, die den Geist des Originals besser trifft als ebenfalls vorhandene akademisch genaue Wort-für-Wort-Wiedergaben. T. S. Eliot nannte E. P. den »Erfinder chinesischer Dichtung für unsere Zeit«, und selbst chinesische Sinologen hielten mit ihrem Lob nicht zurück.

Fenollosa hat E. P.s Gesichtskreis entscheidend erweitert. Er weckte sein Interesse an China und regte ihn zur Übersetzung chinesischer Gedichte und zur Beschäftigung mit Konfuzius an. In E.P.s Hauptwerk *Cantos* gewinnt die »ideogrammatische Methode« eine viel größere Bedeutung und umfasst vielsprachige Zitate, griechische und chinesische Götter und chinesische Schriftzeichen, kulturelle Ideen quer durch die Jahrhunderte, die in immer neuen Metamorphosen aufeinander treffen in dem Versuch, China und den Westen in einen fruchtbaren Austausch zu bringen.

Die von Fenollosa und Ezra Pound entwickelte »ideogrammatische Methode« traf einen Nerv seiner Zeit. Aufschlussreich in diesem Zusammenhang sind Äußerungen des berühmten Regisseurs Sergei Eisenstein, die mit den Ideen von Fenollosa und E. P. eine frappierende Ähnlichkeit haben. Um im ersten Weltkrieg von der Front nach Moskau zurückgeschickt zu werden, lernte Eisenstein Japanisch. Wie Fenollosa und E. P. fesselten ihn die chinesischen Schriftzeichen:

»How grateful I was to fate for having subjected me to the ordeal of learning an oriental language, opening before me that strange way of thinking and teaching me word pictography. It was presicely this ›unusual‹ way of thinking that later helped me to master the nature of montage, and still later, when I came to recognize the ›unusual‹, ›emotional‹ way of thinking, different from our common ›logical‹ way, this helped me to comprehend the most recondite in the methods of art.«[3]

Montage, so meinte Eisenstein, arbeitet nach denselben Prinzipien wie die chinesische Schrift, und er erklärte: »L'Idéogramme prend place au centre du mouvement moderniste.«[4] Im *Panzerkreuzer Potemkin* gelingt es Eisenstein durch einige wenige Einstellungen der Kamera (die wild gestikulierenden Offiziere – die heimlich diskutierenden Matrosen – die Persenning, die über die Matrosen gebreitet wird, die erschossen werden sollen) den schwelenden Geist der Meuterei aufzudecken, der bald den Ausbruch der offenenen Revolution bewirken sollte.

* * *

Heutzutage ist die sinologische Kritik an Fenollosa und E. P. großenteils verstummt und sind Anerkennung und Interesse an ihre Stelle getreten. Fenollosa war kein Wissenschaftler, aber er war so etwas wie ein *influencer*, der viel bewegt hat und auch heute noch zu Diskussionen anregt. Lange glaubten Westler, dass Chinesen aufgrund ihrer Schrift nicht logisch denken könnten. Fenollosa kehrte diese Idee ins Positive um und vertrat die Meinung, dass chinesische Schriftzeichen zu einem anschaulicheren, lebendigeren Denken anregten als unsere sterile, abstrakte, logische Schrift. Doch ist die lange von Sinologen vertretene These, Chinesen dächten aufgrund ihrer

Schrift anders als Westler inzwischen einigermaßen umstritten. So ist erwiesen, dass Chinesen, wenn sie ihre Schriftzeichen lesen, sich dabei nicht, wie Fenollosa und E. P. meinten, viele sich bewegende Bilder vorstellen, die aufeinander treffen, sich überschneiden und dadurch zu schöpferischem Denken anregen. Neuere psycholinguistische Untersuchungen und Gehirntests lassen vermuten [?], dass es sich hier um einen »ideographischen Mythos« handelt. Man neigt heute zur Ansicht, dass Texte in phonetischer Buchstabenschrift ebenso wie die gesprochene Sprache von der *linken* Gehirnhälfte kontrolliert werden, während die *rechte* Gehirnhälfte auf die Erkennung von Formen spezialisiert ist. In Tests konnte man zeigen, dass ein einzelnes isoliertes Schriftzeichen zwar tatsächlich von der rechten Gehirnhälfte besser identifiziert wurde, dass dies jedoch nicht für Schriftzeichengruppen gilt. Demnach scheint es, dass Chinesen und Westler beide ganz ähnlich phonetisch lesen, verstehen und denken. Doch bleibt die Untersuchung der Beziehungen zwischen Sprache, Schrift und Denken ein faszinierendes Thema, das noch lange nicht gelöst ist.

Vermutlich werden die chinesischen Schriftzeichen auch heutzutage viele Menschen zu neuen Ideen anregen, so wie sie das bei Fenollosa und E. P. taten. Mehrfach wurde die kühne Idee einer »Weltschrift« propagiert, die sich die chinesischen Schriftzeichen zum Vorbild nimmt. Dazu ist die chinesische Schrift tatsächlich bestens geeignet, weil sie eine Sinnschrift ist, die verstanden werden kann, auch wenn man eine ganz andere Sprache spricht und die Aussprache der einzelnen Schriftzeichen nicht kennt. Und computertauglich ist sie seit langem, bei Wettkämpfen wurden Texte in chinesischen Schriftzeichen sogar schneller geschrieben als Texte in westlichen Buchstaben. Aber auch wenn eine chinesische Weltschrift vorerst Utopie ist: Die chinesischen Schriftzeichen werden die Menschen in West und Ost weiter bezaubern durch die Eleganz ihrer geschwungenen Linien und die kalligraphische Vielfalt ihrer Formen.

Monika Motsch, August 2019

1 Anm. 11, S. 78.
2 *The Pound Era*, 1971, S. 144.
3 *Notes of a Filmdirector*, Moskau, 1959, S. 11.
4 *Les Cahiers de L'Herne* 2, 1965.

Die hier abgedruckte Übersetzung erschien erstmals 1972 im Josef Keller Verlag.

Erste Auflage Berlin 2019

Göhrener Str. 7 | 10437 Berlin
info@matthes-seitz-berlin.de

Satz: Monika Grucza, Berlin
Druck und Bindung: Art Druk, Szczecin
Umschlaggestaltung nach einer Idee von Pierre Faucheux
ISBN 978-3-95757-628-6
www.matthes-seitz-berlin.de